유형별 단기완성

기적특강

제대로 알면
입에 착 감기는
관용어

초등 **2·4** 학년

길벗스쿨

머리말

어디서 주워들었으나
정확하게 몰라서
요상하게 쓰는 표현이 있다

소 잃고 뇌 약간 고치면 된댔어!

그렇게 수수방광할 거야?

시험 볼 땐 조삼모사로 찍어! 조금 모르면 3번 아예 모르면 4번!?

같은 값이면 싼 거 사야지!

그건 빙상의 일각이야!

속담이나 관용어, 사자성어를 조금 안다는 친구들의 웃지 못할 상황을 보고 요즘 아이들의 어휘력을 의심하기 시작했다. 어찌 보면 어른들에게는 익숙한 이런 표현이 하나하나 제대로 배운 적이 없는 아이들에게는 생소하고 낯설게 느껴지겠구나 싶었다.

속담, 관용어, 사자성어는 짧은 표현이지만, 그 안에 다양한 상황이나 문화적 맥락을 담고 있어서 정확한 뜻과 쓰임을 제대로 배워야 다른 여러 상황에서 요긴하게 써먹을 수 있다. 대충 알고 쓰다가 자칫 빈약한 어휘력을 들키기 전에 국어 상식 어휘라 할 수 있는 속담, 관용어, 사자성어 학습으로 어휘력을 제대로 충전시키자.

속담, 관용어, 사자성어란 무엇인가?

속담(俗談)은 오랜 옛날부터 구전되어 온 말이다. 짧은 문장 속에는 옛사람들의 삶의 지혜가 담겨 있고, 소소한 이야기도 숨어 있어서 그 뜻을 알아 갈수록 재미가 있다. 옛말이긴 하지만 상황에 따라 지금 사용해도 절묘하게 맞아떨어져서 많은 사람이 여전히 속담을 즐겨 쓴다.

관용어(慣用語)란 둘 이상의 단어가 결합해 표면적인 뜻과는 전혀 다른 의미로 굳어져서 쓰이는 말을 뜻한다. 일상적으로 쓰는 표현이어서 다 아는 말이 아닌가 싶지만, 글자 그대로 해석하면 고유한 의미에서 벗어나기 때문에 뜻을 정확하게 알아야 써먹을 수 있다.

한자가 둘 이상 결합하여 만들어진 말을 한자(漢字) 성어(成語)라고 한다. 이 중에서 네 글자로 이루어진 한자 성어를 사자성어(四字成語)라 하고, 옛이야기에서 유래한 말을 고사성어(故事成語)라 한다. 기적특강에는 초등학생이 알아 두면 유용한 사자성어를 중점적으로 뽑았다. 어떤 것을 설명할 때 구구절절 풀어 쓰기보다 네 글자로 짧고 굵게 표현할 수 있는 약어(略語)의 고전, 사자성어를 배워 두자.

왜 속담, 관용어, 사자성어를 배워야 하는가?

간결한 표현 속에 명확한 뜻을 담고 있어서, 말과 글을 효율적으로 사용할 수 있다. 무엇인가를 설명할 때 장황하게 이야기하지 않아도 맥락에 맞는 적절한 어휘를 쓰게 되면 나의 의도를 단박에 전할 수 있고 상대의 생각을 바로 이해하는 데도 도움이 된다.

관용 표현은 우리말의 재미와 문화적 상황을 담고 있다. 정확한 표현을 적절하게 사용할 때 내 생각은 물론 다른 사람의 생각을 이해하는 데 도움이 되기 때문에 의사소통이 원활해진다. 따라서 제대로 알게 되면 그 뜻이나 쓰임에 대한 이해도가 높아져서 어휘력은 물론 독해력, 나아가서는 문해력까지 길러진다.

많이 아는 것도 좋지만, 제대로 알아 두는 게 더 중요하다. 어떤 표현 하나를 쓰더라도 정확한 뜻을 알고 쓰는 것과 대충 쓰는 것은 표현에서 하늘과 땅 차이를 만든다.

기적특강 어휘 3종은 초등학생이라면 꼭 알아 두어야 할 속담과 관용어, 사자성어를 96개씩 선정하여 전방위 어휘 학습을 제안한다. 한 컷 만화를 곁들인 기적쌤의 특강을 통해 어휘의 뜻과 활용을 정확히 파악하고, 다양한 퀴즈로 학습 어휘를 한 번 더 기억하자. 3, 6, 9일 차에는 독해 지문에 적용하여 학습 어휘의 의미를 되짚어 볼 수 있다. 속담, 관용어, 사자성어 중에서 한 권을 완주하게 되면, 플러스 어휘를 포함 약 150개 정도 되는 어휘를 제대로 학습하게 된다.

구슬이 서 말이라도 꿰어야 보배라고 했다. 여기 기적특강 어휘 3종을 통해 배운 어휘를 일상에서 꼭 한 번씩 써 보길 바란다. 한 번쯤 들어 봐서 그 뜻을 어렴풋이 짐작만 하고 있거나 잘못 알고 있지는 않은지 점검해 보자. 잘못 알고 있다면 이 책에 나온 어휘의 정확한 뜻과 용례까지 기억해 두었다가 적절한 때 알맞게 사용해 보는 것도 좋겠다.

기적특강 어휘 3종으로 우리말과 글에 대한 공부를 재미있게, 제대로 하다 보면 어제와 다르게 일취월장(日就月將)하는 나의 언어생활을 발견하게 될 것이다.

단언컨대 지금 알아 두는 속담, 관용어, 사자성어 등은 여든을 넘어 백 세까지 간다.

어린이일 때 채울 수 있는 말과 글 그릇이 제법 옹골차고 다부지길 희망하며
2023년 봄, 기적학습연구소 국어 팀 일동

구성과 특징

전방위 어휘 학습 설계

각 권은 총 40day로 구성되어 있다. 각 권의 학습 어휘는 일상에서 가장 많이 쓰이는 초등 필수 어휘 96개를 비롯하여 비슷한말, 반대말, 참고할 어휘 등 약 150개 정도 된다.

¹한 컷 만화로 배우고, ²퀴즈로 기억하고, ³독해로 적용하여 ⁴총정리까지 마치면 어휘력 충전이 완료된다.

1단계 ## 오늘의 관용어 네 가지를 한 컷 만화와 기적쌤의 특강으로 배워요!

오늘의 어휘

하루 네 가지의 관용어를 학습한다. 한 컷 만화에 담긴 어휘의 의미를 유추해 보기도 하고, 어떻게 활용하는지도 확인하면서 맥락과 상황을 이해한다.

+어휘

어려운 낱말의 뜻, 학습 어휘와 비슷한 뜻을 가지거나 반대의 뜻을 가진 어휘, 참고할 어휘도 더불어 배운다.

2단계 ## 퀴즈를 풀면서 배운 관용어를 기억해요!

+퀴즈! 퀴즈!

앞에서 배운 어휘를 잘 기억하고 있는지 간단한 퀴즈를 통해 다시 확인한다. 초성 퀴즈, OX 퀴즈, 빈칸 채우기, 퍼즐, 사다리 타기, 선 긋기 등 다양한 형태의 퀴즈를 풀면서 학습 어휘의 뜻과 쓰임을 알아보자.

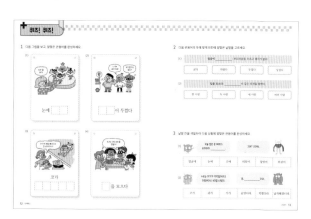

▶ 10day 학습 설계가 4번 반복

1 day	2 day	3 day	4 day	5 day	6 day	7 day	8 day	9 day	10 day
1단계 오늘의 어휘 / 2단계 +퀴즈 퀴즈	1단계 오늘의 어휘 / 2단계 +퀴즈 퀴즈	3단계 어휘 먹고, 독해 먹고	1단계 오늘의 어휘 / 2단계 +퀴즈 퀴즈	1단계 오늘의 어휘 / 2단계 +퀴즈 퀴즈	3단계 어휘 먹고, 독해 먹고	1단계 오늘의 어휘 / 2단계 +퀴즈 퀴즈	1단계 오늘의 어휘 / 2단계 +퀴즈 퀴즈	3단계 어휘 먹고, 독해 먹고	4단계 척 하면 착! 총정리

독해로 어휘력 상승!

어휘 먹고, 독해 먹고

3, 6, 9day 차에는 학습 어휘가 적용된 지문을 읽고,
독해 훈련도 한다. 어휘 학습이 충분히 되었다면, 문
맥을 파악하기가 훨씬 쉽다.
주제 찾기, 세부 내용 확인하기, 어휘 추론 등으로 독
해력까지 끌어올린다.

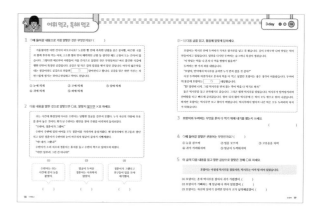

배운 관용어를 단번에 정리하면 어휘력 충전 완료!

척 하면 착! 관용어 총정리

10day 차에는 1~9day에 배운 24개의 학습 어휘를
모았다. 주어진 뜻을 가진 학습 어휘를 완성하거나 학
습 어휘의 정확한 뜻을 가려내어 정리해 본다. 이쯤
되면 배운 어휘는 척 하면 착 대답할 수 있게 된다.

차례

1

얼굴

얼굴에 있는 눈, 코, 입, 귀는 무언가를 보고, 듣고, 말하는 일을 하지.
또 얼굴 표정으로 기분이나 태도를 드러내기도 해.
이번 장에서는 얼굴과 관련된 관용어를 배워 보자.

● 학습 계획표 ●

공부한 날		학습 내용	확인
1 day	/	오늘의 어휘 1 ~ 8	
2 day	/	오늘의 어휘 9 ~ 12	
3 day	/	어휘 먹고, 독해 먹고	
4 day	/	오늘의 어휘 13 ~ 20	
5 day	/	오늘의 어휘 21 ~ 28	
6 day	/	어휘 먹고, 독해 먹고	
7 day	/	오늘의 어휘 29 ~ 36	
8 day	/	오늘의 어휘 37 ~ 44	
9 day	/	어휘 먹고, 독해 먹고	
10 day	/	척 하면 착! 관용어 총정리	

❶ 눈에 *띄다

우리 딸, 여기!

즐거운 학예회 날이야. 엄마가 아이를 한눈에 찾아낸 것처럼, 가족끼리는 아무리 많은 사람 사이에서도 서로 잘 보이나 봐. 이처럼 무언가 두드러지게 드러날 때 '눈에 띄다'라고 말해.

* 띄다: '뜨이다'의 준말.

❷ 비 **군계일학**: 닭의 무리 가운데서 한 마리의 학이란 뜻으로, 많은 사람 가운데서 뛰어난 인물을 이르는 말.

群 무리 군 鷄 닭 계 ― 하나 일 鶴 학 학

이렇게 써먹자~ 동생이 이제 다 컸다고 생각하는지, 장난이 **눈에 띄게** 줄었어.

❸ 얼굴이 두껍다

너 왜 새치기해!

부끄럽지도 않냐?

한 아이가 제일 늦게 왔으면서 아이스크림을 빨리 받으려고 줄 맨 앞에 섰어. 새치기하고도 얼굴색이나 표정 하나 변하지 않고 뻔뻔하기 이를 데 없군!

이런 사람을 보고 '얼굴이 두껍다'고 해. 부끄러움을 모르고 *염치가 없다는 뜻이지.

* 염치: 체면을 차릴 줄 알고 부끄러움을 아는 마음.

❹ 반 **낯부끄럽다**: 염치가 없어 얼굴을 보이기가 부끄럽다.

이렇게 써먹자~ 잘못을 들키고도 뻔뻔하게 거짓말하다니! 저 **얼굴 두꺼운** 녀석.

⑤ 코가 납작해지다

자기가 제일 빠르다고 큰소리치더니!

경기 전에는 자기가 제일 빠르다고 큰소리치던 친구가 달리기 시합에서 넘어지고 말았어. 이를 본 아이들이 통쾌해하고 있구나.

다른 사람을 무시하다가 창피를 당한 사람을 보고 '코가 납작해졌다'고 해. 몹시 무안을 당하거나 기가 죽는다는 뜻이야.

⑥
➕ **코가 높다**: 잘난 체하며 거만하다.

이렇게 써먹자~ 이번 경기는 꼭 이겨서 저쪽 팀 **코를 납작하게** 해 주자.

⑦ 입을 모으다

우리는 샌드위치를 만들자!

조원들이 실습 시간에 무엇을 만들지 회의하고 있는데, 모두 샌드위치를 만들자고 의견을 모았어.

이런 상황에서는 '입을 모으다'라는 말을 써. 여러 사람이 같은 의견을 말한다는 표현이야.

⑧
🔵 **이구동성**: 여러 사람의 말이 한입으로 말하는 것과 같음.

異 다를 이 口 입 구 同 같을 동 聲 소리 성

이렇게 써먹자~ 오늘은 체육 시간에 피구를 하고 싶다고 **입을 모아서** 얘기했어.

1 다음 그림을 보고, 알맞은 관용어를 완성하세요.

(1)

눈에 ☐☐

(2)

☐☐이 두껍다

(3)

코가 ☐☐☐☐☐

(4)

☐을 모으다

2 다음 관용어의 뜻에 맞게 빈칸에 알맞은 낱말을 고르세요.

(1)

얼굴이 _____ : 부끄러움을 모르고 염치가 없다.

| 굵다 | 하얗다 | 두껍다 | 싱겁다 |

(2)

입을 모으다: _____이 같은 의견을 말하다.

| 한 사람 | 두 사람 | 세 사람 | 여러 사람 |

3 낱말 칸을 색칠하여 다음 상황에 알맞은 관용어를 완성하세요.

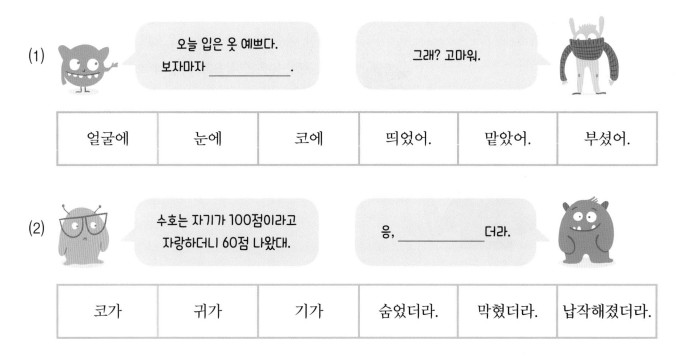

(1)

오늘 입은 옷 예쁘다.
보자마자 _____.

그래? 고마워.

| 얼굴에 | 눈에 | 코에 | 띄었어. | 맡았어. | 부셨어. |

(2)

수호는 자기가 100점이라고
자랑하더니 60점 나왔대.

응, _____더라.

| 코가 | 귀가 | 기가 | 숨었더라. | 막혔더라. | 납작해졌더라. |

오늘의 어휘

9 눈을 붙이다

잠깐만 좀 자야겠다…….

아이가 점심을 먹고 나서 잠이 오나 봐. 쉬는 시간에 책상에 엎드려 잠시 자려고 하네. 이럴 때 '눈을 붙이다'라고 해. 단순히 눈만 감고 있는 게 아니라 잠을 잔다는 뜻이야.

잠이 쏟아질 때 눈꺼풀이 무거워지면서 눈이 감기잖아? 그럴 땐 잠깐 눈을 붙여도 좋아!

이렇게 써먹자~ 딱 한 시간만 **눈을 붙이려고** 했는데, 깨어나 보니 다음 날 아침이었어.

10 코웃음을 치다

흥! 흥!

한 아이가 친구들을 비웃으며 코웃음을 치고 있어. 코웃음은 코끝으로 가볍게 소리 내어 '흥!' 하고 웃는 것을 말해. 주로 다른 사람에게 *빈정거릴 때 짓는 웃음이지.

이렇게 남을 깔보고 비웃을 때 '코웃음을 친다'고 해.

＊**빈정거리다**: 남을 은근히 비웃는 태도로 자꾸 놀리다.

이렇게 써먹자~ 하하, 진우가 스케이트 못 타는 애들 보고 **코웃음 치더니** 넘어졌어!

11 귀가 가렵다

누가 내 욕을 하나?

여우가 호랑이를 쳐다보면서 토끼에게 귓속말을 하고 있어. 호랑이에 대한 이야기를 하나 봐. 호랑이는 자기 이야기를 하는 것이 느껴지는지 귀를 긁적거리고 있네. 귀가 가려운가?

'귀가 가렵다'는 귀가 정말 가려운 게 아니라 남이 나에 대한 말을 한다고 느낀다는 뜻이야.

이렇게 써먹자~ 어휴, 왜 이렇게 **귀가 가렵지?** 누가 내 이야기를 하나 봐!

12 얼굴에 *씌어 있다

성적표 나왔구나?

어떻게 아셨지?

아이가 성적표를 숨기고 있는 것을 아빠가 단번에 알아차렸어! 아빠는 어떻게 알았을까? 잘 보면 아이 얼굴에 다 드러나 있지. 긴장한 표정으로 식은 땀을 뻘뻘 흘리고 있는 걸!

이처럼 감정이나 기분 등이 얼굴에 그대로 드러나는 것을 '얼굴에 씌어 있다'라고 말해.

* **씌다**: '쓰이다'의 준말로, 쓰여 있다는 뜻.

이렇게 써먹자~ 지호가 성연이를 좋아하는 게 **얼굴에 씌어 있네!**

1 다음 그림을 보고, 알맞은 관용어를 완성하세요.

(1)

얼굴에

(2)

귀가

(3)

을 치다

(4)

눈을

2 다음 보기 와 같은 뜻을 가진 관용어가 되도록 주사위를 고르고, 두 수의 합을 구하여 쓰세요.

보기

감정이나 기분 등이 얼굴에 그대로 드러나다.

(   )

3 다음 사다리를 따라가 상황에 어울리는 관용어면 ○표, 어울리는 관용어가 <u>아니면</u> ✕표 하세요.

(1)

홍, 말도
안 되는 소리!

(2)

잠을 자야겠어.

(3)

부끄러워서
얼굴이 빨개졌어.

(4)

누가 내 얘기를
하나 봐.

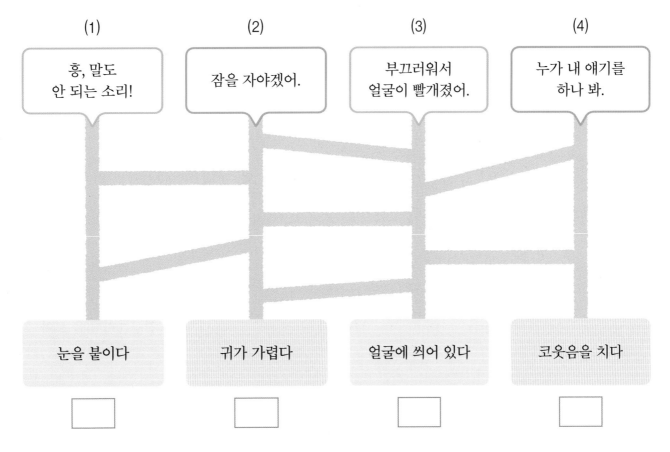

눈을 붙이다

귀가 가렵다

얼굴에 씌어 있다

코웃음을 치다

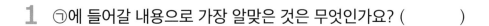

어휘 먹고, 독해 먹고

1 ㉠에 들어갈 내용으로 가장 알맞은 것은 무엇인가요? (   )

> 겨울철이면 어떤 간식이 떠오르나요? 노릇한 빵 안에 촉촉한 단팥을 품은 붕어빵, 따끈한 국물과 함께 후루룩 먹는 어묵, 고소한 향과 맛이 매력적인 군밤 등 생각만 해도 군침이 도는 간식이 많습니다. 그렇다면 예로부터 사람들이 겨울 간식으로 꼽았던 것은 무엇일까요? 바로 쫄깃한 식감에 쨍한 단맛이 특징인 곶감입니다. 곶감은 덜 익은 감의 껍질을 벗겨 말린 감입니다. 아무리 떫은맛을 내는 생감이라도 곶감으로 만들면 [㉠   ] 달아진다고 합니다. 곶감을 덮은 하얀 가루는 자연스럽게 생기는 것이니 안심하고 먹어도 된답니다.

① 눈에 띄게   ② 코에 띄게   ③ 입에 띄게
④ 귀에 띄게   ⑤ 혀에 띄게

2 다음 내용을 말한 것으로 알맞으면 ○표, 알맞지 <u>않으면</u> ✕표 하세요.

> 쉬는 시간에 화장실에 다녀온 수빈이는 당황한 얼굴을 감추지 못했다. 누가 자신의 가방에 우유를 쏟아 놓은 것이다. 화가 난 수빈이는 범인을 찾아 주위를 이리저리 둘러보았다.
> "수빈아, 정훈이가 그랬어."
> 수빈이 주변에 있던 아이들 모두 정훈이를 가리키며 웅성거렸다. 맨 뒷자리에서 친구들과 장난치고 있던 정훈이가 수빈이와 눈이 마주치자 얼굴이 갑자기 시뻘게졌다.
> "야! 네가 그랬냐?"
> 수빈이가 소리 지르자 정훈이는 휴지를 들고 수빈이 쪽으로 달려오며 외쳤다.
> "미안! 일부러 그런 건 아니야!"

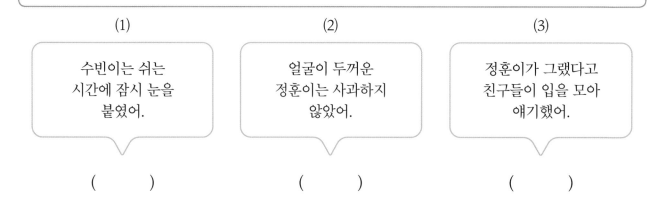

(1)	(2)	(3)
수빈이는 쉬는 시간에 잠시 눈을 붙였어.	얼굴이 두꺼운 정훈이는 사과하지 않았어.	정훈이가 그랬다고 친구들이 입을 모아 얘기했어.
( )	( )	( )

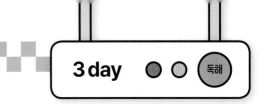

[3~5] 다음 글을 읽고, 물음에 알맞게 답하세요.

> 호랑이는 떡시루 안에 두꺼비가 가져온 쌀가루를 넣고 푹 쪘습니다. 김이 모락모락 나며 맛있는 떡이 만들어지고 있었습니다. 입맛을 다시던 두꺼비는 슬그머니 욕심이 생겼습니다.
>
> '이 맛있는 떡을 나 혼자 다 먹을 방법이 없을까?'
>
> 두꺼비는 한 가지 꾀를 내었습니다.
>
> "호랑아, 언덕에서 떡시루를 굴리면 누가 먼저 잡을 것 같아?"
>
> 사실 두꺼비와 마찬가지로 혼자서 떡을 다 먹고 싶었던 호랑이는 좋은 생각이 떠올랐습니다. 두꺼비의 물음에 호랑이는 ［　　　⊙　　　］ 대답했습니다.
>
> "흥! 당연히 나지. 그럼 떡시루를 먼저 잡는 쪽이 떡을 다 먹기로 하자."
>
> 둘은 떡시루를 들고 산꼭대기로 갔습니다. 그리곤 힘껏 떡시루를 밀었습니다. 떡시루가 덜커덩거리며 산비탈을 타고 빠르게 굴러갔습니다. 얼마 되지 않아 떡시루에 든 떡이 모두 밖으로 튀어 나갔습니다. 하지만 호랑이는 떡시루만 보고 쫓아가 버렸습니다. 떡시루에서 떨어져 나간 떡은 모두 두꺼비의 차지가 되었습니다.

3 호랑이와 두꺼비는 무엇을 혼자 다 먹기 위해 내기를 했는지 쓰세요.

(　　　　　　　　　　　　)

4 ⊙에 들어갈 알맞은 관용어는 무엇인가요? (　　　)

① 눈을 감으며　　　　② 입을 모으며　　　　③ 코웃음을 치며
④ 귀가 가려워지며　　　⑤ 얼굴이 두꺼워지며

5 이 글의 다음 내용을 읽고 말한 감상으로 알맞은 것에 ○표 하세요.

> 호랑이는 마침내 떡시루를 잡았지만, 떡시루는 이미 텅 비어 있었습니다.

(1) 호랑이는 혼자 떡시루를 잡아서 귀가 가렵겠어. (　　　)

(2) 호랑이가 기뻐하는 게 얼굴에 다 씌어 있었겠어. (　　　)

(3) 호랑이는 자신의 달리기 실력만 믿다가 코가 납작해졌겠어. (　　　)

오늘의 어휘

---

13 **눈 깜짝할 사이**

> 오예, 방학이다!

> 벌써 끝나다니!

언제나 방학이 끝날 때쯤이면 방학 기간이 *금세 지나간 것처럼 느껴지지. 눈을 한 번 깜빡이는 순간처럼 말이야. '눈 깜짝할 사이'는 그만큼 매우 짧은 순간을 이르는 말이란다.

* **금세**: 시간이 얼마 지나지 않아서.

14

비 **순식간**: 눈을 한 번 깜짝하거나 숨을 한 번 쉴 만한 아주 짧은 동안.

....

이렇게 써먹자~ 배가 무척 고팠나 봐. **눈 깜짝할 사이**에 저녁을 다 먹어 버렸어.

---

15 **얼굴을 들다**

> 저 100점 맞았어요!

100점 맞은 아이가 당당하게 얼굴을 들고 단상 위에 서 있네. 자신이 있거나 뽐내고 싶을 땐 저절로 얼굴을 빳빳이 들게 되지.

'얼굴을 들다'는 이에 빗대어 남을 떳떳하게 대한다는 뜻으로 쓰는 말이야.

16

비 **고개를 들다**: 남을 떳떳이 대하다.

....

이렇게 써먹자~ 이번 주에 하루도 빠놓지 않고 지각해서 선생님 앞에서 **얼굴을 들 수가 없어.**

⑰ 입에 *자물쇠를 채우다

왜 아무 말도 안 하는 거야~.

친구가 아무리 말해 달라고 해도 아이는 절대 입을 열지 않네. 이렇게 아무것도 말하지 않을 때 '입에 자물쇠를 채웠다'라고 표현해. 어떤 사실이 알려지지 않도록 자물쇠로 꼭 잠가 두었다는 말이지.

*자물쇠: 열고 닫게 되어 있는 물건을 잠그는 장치.

⑱ ➕ **유구무언**: 입은 있어도 말은 없다는 뜻으로, 변명할 말이 없거나 변명을 못함을 이르는 말.

└ 有 있을 유 口 입 구 無 없을 무 言 말씀 언

이렇게 써먹자~ 어제 친구랑 나눈 비밀 얘기에 대해 **입에 자물쇠를 채우겠다**고 약속했어.

⑲ 귀가 얇다

게임할래? 축구하자! 떡볶이 먹으러 간다며!

축구도 좋고, 게임도 좋고, 떡볶이도 좋은 이 아이처럼 누가 무슨 말을 할 때마다 마음이 움직이는 사람을 '귀가 얇다'고 해. 귀가 얇으면 어떤 소리든 쏙쏙 잘 들어가겠지? 그만큼 남의 말을 쉽게 받아들인다는 뜻이야.

⑳ ➕ **팔랑귀**: 다른 사람의 말에 잘 흔들리는 성질이나 사람을 이르는 말.

이렇게 써먹자~ 형한테 같이 가자고 하자. **귀가 얇아서** 금방 좋다고 할 거야.

1 다음 그림을 보고, 알맞은 관용어를 완성하세요.

(1)

귀가 ☐☐

(2)

눈 ☐☐☐ 사이

(3)

입에 자물쇠를

☐☐☐

(4)

얼굴을 ☐☐

2 글자 카드를 이용하여 친구가 낸 문제의 답을 완성하세요.

보기

순	식	개	팔	물	귀	쇠

(1) '얼굴을 들다'에서 얼굴 대신 쓸 수 있는 말은?

	고	

(2) 귀가 얇은 사람을 비유하는 말은?

	랑	

(3) '눈 깜짝할 사이'와 같이 짧은 순간을 이르는 말은?

		간

(4) 절대 말하지 않는 사람을 보고 입에 무엇을 채웠다고 하지?

자		

21 눈을 씻고 보다

도대체 조개 껍데기가 어디 있는 거야?

한 아이가 바닷가에서 예쁜 조개 껍데기를 찾고 있어. 그런데 아무리 열심히 찾아 봐도 조개 껍데기가 도통 보이지 않나 봐.

'눈을 씻고 보다'는 정신을 바짝 차리고 집중하여 본다는 뜻이야.

22 **+ 눈에 불을 켜다**: 몹시 욕심을 내거나 관심을 가지다.

이렇게 써먹자~ 눈을 씻고 봐도 양말이 안 보였는데, 꼭 엄마가 찾으면 나와.

23 귓등으로 듣다

이제 자야지~.

알겠어요.

이제 자야 한다는 말을 듣고도 아이가 계속 핸드폰을 붙잡고 있어. 아이가 흘려듣고 있는 거지.

'귓등'은 귀의 바깥쪽 부분을 말해. 그래서 '귓등으로 듣다'는 듣고도 들은 체 만 체 한다는 뜻이야.

24 **비 한 귀로 듣고 한 귀로 흘린다**: 다른 사람의 말을 대충 듣는다.

이렇게 써먹자~ 다른 애들이 널 놀리면 **귓등으로 듣고** 잊어버려.

25 입에 침이 마르다

벌써 삼십 번째 말씀하셨어.

선생님께서 한 아이를 입에 침이 마르도록 칭찬하고 있어. 얼마나 많이 말해야 입에 침이 마를까?

'입에 침이 마르다'는 그만큼 다른 사람이나 물건에 대하여 *거듭해서 말한다는 표현이야.

* 거듭하다: 같은 일이나 상황을 계속 반복하다.

26
비 입이 닳다: 다른 사람이나 물건에 대해 거듭해서 말하다.

이렇게 써먹자~ 우리 집 코코가 얼마나 귀여운지 **입에 침이 마르도록** 자랑하고 싶어.

27 혀를 *내두르다

히익, 보기만 해도 춥다!

한겨울에 여름옷을 입다니, 누구라도 놀랄 만한 일이야. 이렇게 매우 놀랍거나 황당한 일을 보면 자동으로 입이 벌어지고 혀가 내둘러지지.

'혀를 내두르다'는 몹시 놀라거나 어이없어서 말을 못 한다는 뜻이야.

* 내두르다: 이리저리 휘휘 흔들다.

28
비 말을 잃다: 놀라거나 충격을 받아 말이 나오지 않다.

이렇게 써먹자~ 어제 대청소를 했는데 **혀를 내두를 만큼** 쓰레기가 많이 나왔어.

1 다음 그림을 보고, 알맞은 관용어를 완성하세요.

(1)

☐☐ 으로 듣다

(2)

눈을 ☐☐ 보다

(3)

혀를

☐☐☐☐

(4)

☐ 에 ☐ 이 마르다

2 다음을 읽고 밑줄 친 관용어의 뜻을 완성하세요.

(1)
> 눈을 씻고 봐도 예전 모습이 온데간데없었어.

➡ 정신을 바짝 차리고 ☐☐☐☐ 보다.

(2)
> 네가 어렸을 때 얼마나 잘 먹었는지! 할머니도 혀를 내두를 정도였지.

➡ 몹시 ☐☐☐☐ 어이없어서 말을 못 하다.

3 다음 빈칸에 들어갈 알맞은 말을 찾아 ○표 하세요.

(1)
> 귓등으로 듣지 말고
> _____

새겨듣자. 흘려듣자.

(2)
> 눈을 씻고 봐도
> _____

분명 있었어. 절대 없었어.

(3)
> 입에 침이 마를 정도로
> _____

칭찬했어. 못 먹었어.

1 ㉠을 바르게 고쳐 쓴 것을 두 가지 고르세요. (,   )

> 20○○년 8월 29일 금요일
>
> **제목:** 마지막 날
>
> 　오늘은 여름 방학의 마지막 날이다. 그동안 나는 무엇을 했을까? 매일 수영도 다니고, 자전거도 타고, 부족했던 수학 공부도 했다. 10시까지 늦잠도 마음껏 잘 수 있었다. 저번 주에는 속초로 가족 여행도 다녀왔다. 방학 동안 행복했지만 두 달이라는 시간이 ㉠혀를 내두를 정도로 지나간 것 같아 아쉽다. 그래도 못 봤던 친구들을 다시 만난다고 생각하니 기분이 좋다. 다음 겨울 방학도 기다려진 다. 돌아올 방학을 기다리면서 이번 학기도 잘 지내야겠다.

① 순식간에

② 고개를 들고

③ 눈을 씻고 봐도

④ 눈 깜짝할 사이에

⑤ 입에 침이 마르도록

2 다음 글의 내용으로 알맞으면 ○표, 알맞지 않으면 ✕표 하세요.

> 　안내견은 시각 장애인을 위해 안전하게 길 안내를 하거나 위험을 미리 알리는 일을 해요. 안내 견은 일반적인 반려견과 달리 어디든 다닐 수 있어서 길거리, 지하철, 병원, 가게 등 여러 장소에서 볼 수 있어요. 그런데 우리가 안내견을 만났을 때 하지 말아야 할 행동이 있어요. 시각 장애인이 안 전하게 길 안내를 받을 수 있도록 안내견의 통행을 방해하거나 주의를 끄는 행동을 하지 말아야 해 요. 예를 들어 안내견에게 말을 걸거나 쓰다듬으면 안 돼요. 안내견이 깜짝 놀랄 수 있어요. 또 안내 견에게 함부로 물이나 간식을 주면 안 돼요. 안내견은 항상 주변 위험 신호에 귀를 쫑긋 세우고 주 의를 기울여야 하기 때문이에요.

(1) 안내견을 만나면 물이나 간식을 주어도 된다. (   )

(2) 안내견은 위험 신호를 절대 귓등으로 듣지 않는다. (   )

(3) 실내에서는 눈을 씻고 보아도 안내견을 찾을 수 없다. (   )

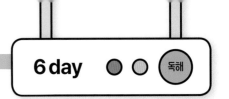

[3~5] 다음 글을 읽고, 물음에 알맞게 답하세요.

1916년 평안남도 평안군에서 태어난 이중섭은 어린 시절부터 호기심이 많았어요. 형을 따라 산으로 들로 다니면 항상 길가에 멈추어서 풍경 하나하나를 한참이나 보았지요. 그리고 자세히 살펴보며 느낀 것을 마치 살아 있는 것처럼 생생하게 그릴 수 있었어요. 어린 이중섭의 재능을 알아본 임용련 선생님은 이중섭에게 많은 것을 가르쳐 주었어요. 그리고 그림을 꼭 포기하지 않기를 당부했지요.

"중섭아, 넌 분명 대단한 그림을 그리는 화가가 될 거야. 하지만 그러려면 정말 열심히 그려야 한다."

이중섭은 그 말씀을 새겨듣고 성실하게 그림을 그렸어요. 이후 일본의 미술 대학에 들어간 이중섭은 오직 미술 작업에만 몰두해서 큰 상을 받았어요. 일본의 미술 *평론가들도 이중섭의 그림을 알아보기 시작해 여러 번 거듭해서 칭찬했지요. 이중섭의 재능이 빛을 보기 시작한 나날이었어요.

"이제 가족들 앞에서도, 선생님 앞에서도 ⟨　㉠　⟩ 수 있겠어."

* **평론가**: 평론을 전문으로 하는 사람. 평론이란 사물의 가치, 좋은 점과 나쁜 점, 뛰어난 점과 부족한 점을 평가하여 말하는 것을 뜻함.

3 이 글은 누구에 대한 글인지 쓰세요.

(　　　　　　　　　)

4 ㉠에 들어갈 알맞은 관용어는 무엇인가요? (　　　)

① 편을 들　　　　　② 손을 들　　　　　③ 발을 들
④ 얼굴을 들　　　　⑤ 부모님을 거들

5 이 글의 내용을 바르게 이해한 친구의 이름을 쓰세요.

지안: 이중섭은 어린 시절에 귀가 얇은 편이었어.

하린: 임용련 선생님이 보기에 이중섭은 눈을 씻고 보아도 재능이 없었어.

예나: 일본의 미술 평론가들이 이중섭의 그림을 입에 침이 마르도록 칭찬했어.

(　　　　　　　　　)

오늘의 어휘

29 눈에 넣어도 아프지 않다

귀여운 우리 강아지!

할머니가 손자를 무척 귀여워하시는구나. 이럴 때 '눈에 넣어도 아프지 않다'는 말을 써.

이 말은 매우 귀엽다는 뜻으로, 누군가를 아끼고 소중히 여기는 마음을 비유한 말이지.

30

비 애지중지하다: 매우 사랑하고 소중히 여기다.

이렇게 써먹자~ 한 달 전에 태어난 내 동생이야. **눈에 넣어도 아프지 않을** 정도로 귀여워!

31 이를 갈다

이번엔 꼭 꼴찌에서 탈출할 거야!

아이가 저번 시험에서 꼴찌를 했나 봐. 이번에는 이를 악물고 꼴찌에서 탈출할 것을 다짐하고 있어.

'이를 갈다'는 매우 분하고 화가 나서 독한 마음을 먹고 기회를 엿본다는 표현이야.

32

비 절치부심: 몹시 분하여 이를 갈며 속을 썩임.

切 끊을 절 齒 이 치 腐 썩을 부 心 마음 심

이렇게 써먹자~ 우리 반이 저번에 아쉽게 준우승을 해서 이번엔 **이를 갈고** 준비했어.

③ 눈치를 보다

많이 화났을까?

한 아이가 짝꿍의 그림에 물을 쏟았나 봐. 화난 짝꿍에게 사과하고 싶어 눈치만 보고 있어.

'눈치'란 남의 마음이나 상황을 알아내는 능력이야. 그래서 '눈치를 보다'는 다른 사람의 기분이나 태도를 살핀다는 뜻이지.

③④ ➕ **눈치가 빠르다:** 남의 마음을 남다르게 빨리 알아채다.

이렇게 써먹자~ 교장 선생님 말씀이 끝날 듯 안 끝나서 다들 **눈치만 보고** 있어.

③ 입이 심심하다

저녁은 아직 멀었는데 뭐 먹을 거 없나?

아직 저녁 시간은 멀었는데, 아이가 괜히 냉장고 문을 열어 보고 있어. 입이 심심한가 봐.

이렇게 배가 *출출하여 무엇이 먹고 싶은 것을 '입이 심심하다'라고 말해. 또 무언가 말하고 싶을 때도 이 표현을 써.

＊ **출출하다:** 배고픈 느낌이 있다.

③⑥ 🅑 **입이 궁금하다:** 배가 출출하여 무엇이 먹고 싶다.

이렇게 써먹자~ **입이 심심하다**고 했더니 엄마가 사과를 깎아 주셨어.

1 다음 그림을 보고, 알맞은 관용어를 완성하세요.

(1)

> 많이 화났을까?

☐☐ 를 보다

(2)

> 저녁은 아직 멀었는데 뭐 먹을 거 없나?

입이 ☐☐ 하다

(3)

> 귀여운 우리 강아지!

눈에 넣어도

☐☐☐ 않다

(4)

> 이번엔 꼭 꼴찌에서 탈출할 거야!

이를 ☐☐

2 다음 말과 비슷한 뜻의 관용어를 찾아 선을 이으세요.

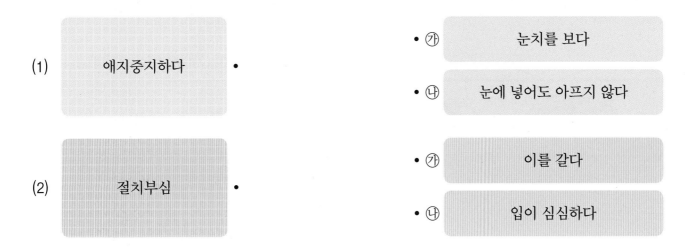

(1) 애지중지하다 •

• ㉮ 눈치를 보다

• ㉯ 눈에 넣어도 아프지 않다

(2) 절치부심 •

• ㉮ 이를 갈다

• ㉯ 입이 심심하다

3 관용어의 사용이 알맞으면 오른쪽 칸으로, 알맞지 <u>않으면</u> 아래 칸으로 선을 긋고 어떤 동물이 나오는지 쓰세요.

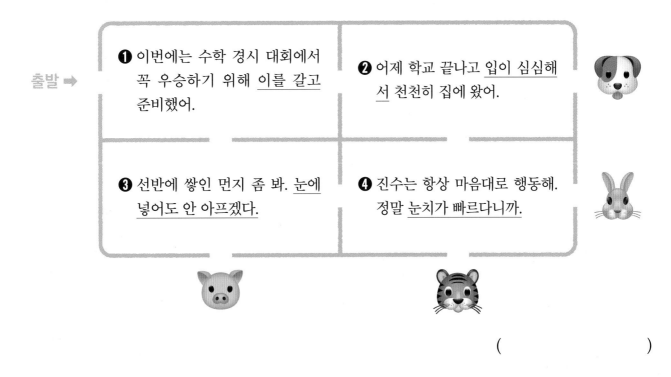

출발 ➡

❶ 이번에는 수학 경시 대회에서 꼭 우승하기 위해 <u>이를 갈고</u> 준비했어.

❷ 어제 학교 끝나고 <u>입이 심심해서</u> 천천히 집에 왔어.

❸ 선반에 쌓인 먼지 좀 봐. <u>눈에 넣어도 안 아프겠다.</u>

❹ 진수는 항상 마음대로 행동해. 정말 <u>눈치가 빠르다니까.</u>

(   )

오늘의 어휘

37 길눈이 밝다

나 여기 가 봤어!

어렵고 복잡한 길도 한두 번 가 봤다면 유난히 척척 잘 찾는 사람이 있지.

'길눈'은 길을 잘 익혀 두어 기억하는 눈썰미를 말해. 그래서 한두 번 가 본 길을 잊지 않고 찾아갈 만큼 길을 잘 기억할 때 '길눈이 밝다'라고 해.

38 반 **길치**: 길을 잘 찾지 못하는 사람.

이렇게 써먹자~ 나는 **길눈이 밝아서** 우리 동네 웬만한 맛집은 척척 찾아갈 수 있어.

39 눈앞이 캄캄하다

으악! 아이가 공부해야 하는 책이 너무 많아서 어떻게 해야 할지 모르겠나 봐. 이처럼 *위기에 처했는데 막막하기만 하고 답이 안 보일 때 있지?

이럴 때 '눈앞이 캄캄하다'라는 말을 써. 앞으로 어떻게 해야 할지 모른다는 뜻이야.

* **위기**: 위험해서 아슬아슬한 순간.

40 비 **하늘이 노래지다**: 갑자기 큰 충격을 받아 정신이 아찔하게 되다.

이렇게 써먹자~ 시험 보는 도중에 화장실에 너무 가고 싶은 거야. **눈앞이 캄캄했지.**

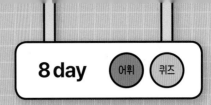

41 귀를 기울이다

사실 말이야…….

친구의 비밀 얘기에 아이가 귀를 기울이고 있어. '귀를 기울이다'는 남의 이야기나 의견에 관심을 가지고 주의를 모은다는 뜻이지. 상대방의 말에 집중한다는 말이야.

42

비 **경청**: 귀를 기울여 들음.

이렇게 써먹자~ 선생님의 비장한 목소리에 모두가 **귀를 기울였어**.

43 입이 귀밑까지 찢어지다

감사합니다!

용돈을 받은 아이들이 입꼬리를 올리며 활짝 웃고 있어. 우리는 무척 기쁠 때 입을 크게 벌리며 웃어. 이처럼 '입이 귀밑까지 찢어지다'는 기쁘거나 즐거워 입이 크게 벌어진다는 표현이야.

44

+ **반색하다**: 매우 반가워하다.

이렇게 써먹자~ 막내가 재롱을 부리니까 가족들이 얼마나 좋아하던지! 아빠 **입이 귀밑까지 찢어졌다니까**.

1 다음 그림을 보고, 알맞은 관용어를 완성하세요.

(1)

눈앞이 □□ 하다

(2)

입이 귀밑까지

□□□□

(3)

귀를 □□□□

(4)

□□ 이 밝다

62 머리털이 곤두서다

유령의 집에 가 본 적 있니? 두려움을 느끼거나 긴장했을 때 우리 몸의 *신경은 매우 날카로워져. 소름이 돋고 온몸의 털이 바짝 솟는 느낌이지.

그만큼 무섭거나 놀라서 긴장된다는 뜻으로 '머리털이 곤두서다'라고 말해.

*신경: 몸에서 자극을 느끼고 이에 대처하는 실 모양의 기관.

63
비 **간담이 서늘하다**: 몹시 놀라서 섬뜩하다.

이렇게 써먹자~ 롤러코스터 타 봤어? **머리털이 다 곤두설** 정도야.

64 허파에 바람 들다

별일도 아닌데 너무 웃길 때가 있지? 이때 '허파에 바람 들다'라고 해. 실없이 행동하거나 지나치게 웃어 대는 것을 이르는 말이야.

허파는 가슴안 양쪽에 있는 호흡 기관인데, 여기에 바람이 들고 날 때 웃음소리가 난다나? *헛바람 든 사람처럼 보인다는 표현이지.

*헛바람: 허황된 일에 공연하게 들뜬 마음을 비유적으로 이르는 말.

이렇게 써먹자~ **허파에 바람 든** 사람처럼 왜 그렇게 웃는 거야?

1 다음 그림을 보고, 알맞은 관용어를 완성하세요.

(1)

에구머니나!

간 ☐ ☐ ☐ ☐

(2)

푹하하하!

깔깔깔깔!

허파에 ☐ ☐ 들다

(3)

배가 ☐ ☐ ☐

(4)

☐ ☐ ☐ 이

곤두서다

2 다음 질문에 알맞은 답을 고르고 해당하는 기호를 차례대로 쓰세요.

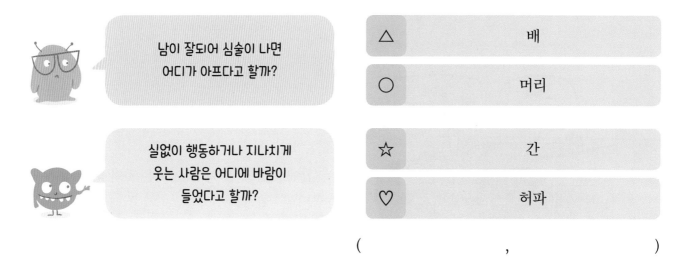

남이 잘되어 심술이 나면 어디가 아프다고 할까?

실없이 행동하거나 지나치게 웃는 사람은 어디에 바람이 들었다고 할까?

△	배
○	머리
☆	간
♡	허파

(___ , ___)

3 관용어의 사용이 알맞으면 오른쪽 칸으로, 알맞지 <u>않으면</u> 아래 칸으로 선을 긋고 어떤 과일이 나오는지 쓰세요.

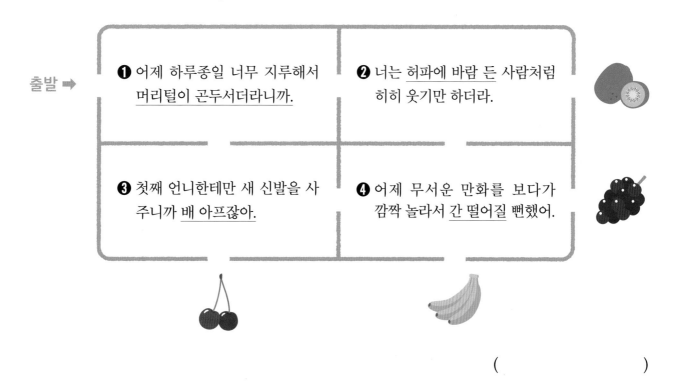

출발 ➡

❶ 어제 하루종일 너무 지루해서 <u>머리털이 곤두서더라니까.</u>

❷ 너는 <u>허파에 바람 든</u> 사람처럼 히히 웃기만 하더라.

❸ 첫째 언니한테만 새 신발을 사 주니까 <u>배 아프잖아.</u>

❹ 어제 무서운 만화를 보다가 깜짝 놀라서 <u>간 떨어질</u> 뻔했어.

(___)

오늘의 어휘

65 간에 기별도 안 가다

오늘도 소식 없나?

없어! 먹은 게 있어야지.

'기별'은 소식을 전한다는 뜻이야. 우리가 먹은 음식의 영양소는 간에 모이는데, 간에 아무 소식이 전해지지 않는다는 말은 그만큼 충분히 먹지 못했다는 표현이야.

'간에 기별도 안 가다'는 먹은 것이 너무 적어 먹으나 마나 하다는 뜻이야.

이렇게 써먹자~ 떡볶이만 먹으면 **간에 기별도 안 가**. 순대랑 튀김도 시키자.

66 손이 크다

할머니가 만들고 계신 잡채 좀 봐! 양이 어마어마하게 많구나. 할머니처럼 많은 양의 요리를 하는 사람에게 '손이 크다'라고 말하기도 해.

'손이 크다'는 씀씀이가 *후하고 크다는 뜻이야.

*후하다: 마음 씀씀이나 태도가 너그럽다.

67

반 **손이 작다**: 물건이나 재물의 씀씀이가 깐깐하고 작다.

이렇게 써먹자~ 이 식당 주인은 **손이 커서** 조금만 시켜도 배부르게 먹을 수 있어.

68 발이 넓다

모두 와 줘서 고마워!

아이가 생일 파티에 많은 친구들을 초대했어. 발이 넓은 친구인가 봐. 여기에서 '발이 넓다'는 사람들을 만나러 돌아다니는 지역이 넓다는 말이야.

발의 크기가 크다는 뜻이 아니라 사귀어 아는 사람이 많아 활동하는 범위가 넓다는 뜻이지.

이렇게 써먹자~ 민영이는 **발이 넓어서** 다른 학교 친구들도 많이 알아.

69 엉덩이가 근질근질하다

이제 쉬는 시간인데?

쉬는 시간을 알리는 종이 울렸는데 수업이 아직 끝나지 않아서 아이가 엉덩이를 들썩들썩하고 있어.

'엉덩이가 근질근질하다'는 이 아이처럼 한군데 가만히 앉아 있지 못하고 자꾸 일어나 움직이고 싶어 한다는 표현이야.

이렇게 써먹자~ 내일 놀러 갈 생각만 해도 벌써 **엉덩이가 근질근질해.**

1 다음 그림을 보고, 알맞은 관용어를 완성하세요.

(1)

엉덩이가

☐☐☐☐ 하다

(2)

발이 ☐☐

(3)

☐이 크다

(4)

☐에 ☐☐도 안 가다

2 다음 뜻을 가진 관용어를 고르고, 낱자를 조합해서 글자를 만들어 쓰세요.

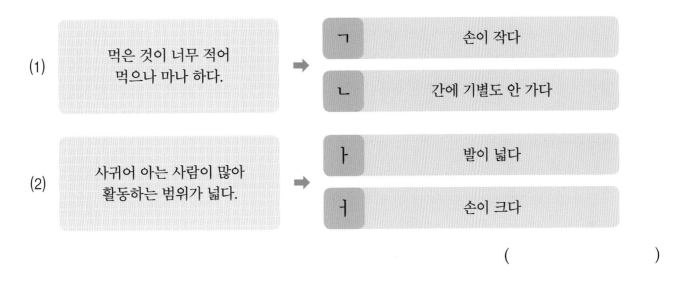

(1) 먹은 것이 너무 적어 먹으나 마나 하다.
→
ㄱ 손이 작다
ㄴ 간에 기별도 안 가다

(2) 사귀어 아는 사람이 많아 활동하는 범위가 넓다.
→
ㅏ 발이 넓다
ㅓ 손이 크다

(   )

3 다음 사다리를 따라가 상황에 어울리는 관용어면 ◯표, 어울리는 관용어가 <u>아니면</u> ✕표 하세요.

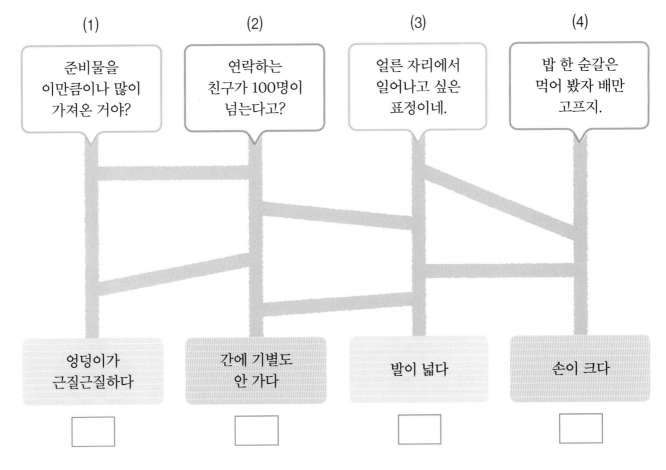

(1) 준비물을 이만큼이나 많이 가져온 거야?

(2) 연락하는 친구가 100명이 넘는다고?

(3) 얼른 자리에서 일어나고 싶은 표정이네.

(4) 밥 한 숟갈은 먹어 봤자 배만 고프지.

엉덩이가 근질근질하다

간에 기별도 안 가다

발이 넓다

손이 크다

어휘 먹고, 독해 먹고

1 ㉠과 관련 있는 관용어를 보기 에서 찾아 쓰세요.

> 오늘은 윤영이네 집에 새 가족이 생기는 날이다. 할머니 댁 개가 새끼를 낳아 한 마리 데려오기로 했기 때문이다. 어렸을 때부터 반려견을 키우고 싶었던 윤영이는 이날만을 손꼽아 기다렸다. 윤영이는 아침부터 입가에서 자꾸만 웃음이 실실 삐져나왔다. 집에서 기다리고 있을 새 가족을 생각하면 벌써부터 엉덩이가 근질근질했다. 길고 길었던 수업을 마치고 집에 달려가던 중 누가 길 건너편에서 윤영이를 불렀다.
>
> "윤영아! 여기!"
>
> 갑작스러운 부름에 ㉠윤영이는 깜짝 놀랐지만, 돌아보자마자 기뻐서 환호성을 질렀다. 엄마가 강아지를 품에 안고 마중 나온 것이었다.

보기

간 떨어지다, 허파에 바람 들다, 간에 기별도 안 가다

(   )

2 다음 글의 내용으로 알맞으면 ○표, 알맞지 않으면 ✕표 하세요.

> 5월 12일은 국제 간호사의 날이다. 이날은 평생을 간호에 *헌신한 나이팅게일의 생일이기도 하다. 나이팅게일은 어렸을 때부터 간호사가 되기 위해 열심히 노력했다. 그리고 마침내 한 요양소의 간호사로 일할 수 있었다. 이후 나이팅게일은 전쟁에서 다친 병사들이 적절한 치료를 받지 못해 죽어 나간다는 소식을 듣고 전쟁터로 향했다. 그리고 가장 먼저 치료소의 청결을 바로잡아 환자를 빠르게 치료할 수 있도록 했다. 나이팅게일은 알고 있던 각 분야의 전문적인 사람들을 불러왔고, 병원의 운영 상태를 고쳐 나가 환자의 사망률을 크게 낮추었다.
>
> **＊헌신**: 몸과 마음을 바쳐 있는 힘을 다함.

(1) 나이팅게일은 전쟁터에 나갈 만큼 머리털이 곤두선 사람이었다. (   )

(2) 나이팅게일은 요양소 일로 만족하지 않을 만큼 손이 큰 사람이었다. (   )

(3) 나이팅게일은 각 분야의 전문가를 불러올 만큼 발이 넓은 사람이었다. (   )

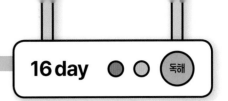

[3~5] 다음 글을 읽고, 물음에 알맞게 답하세요.

> 옛날 한 시골 마을, 사이좋은 형제가 살았어요. 형제는 서로를 도우며 열심히 일했고, 마침내 가을이 되자 많은 곡식을 거둘 수 있었어요. 형제는 거두어들인 곡식을 절반으로 나누었어요. 그날 밤, 집으로 돌아간 형은 곡식을 절반으로 나눈 것이 잘한 일인지 곰곰이 생각했어요.
>
> '아우는 장가를 갔으니 곡식이 턱없이 부족할 거야. 아무래도 더 줘야겠어.'
>
> 그리곤 아우네 창고에 몰래 볏단을 조금 더 가져다 두었어요. 그런데 다음 날이 되니 형의 볏단이 그대로인 게 아니겠어요? 형은 이상하게 생각했지만, 또다시 볏단을 지고 몰래 아우네로 향했어요.
>
> 어둑어둑한 다리를 건너던 형은 멀리서 걸어오는 검은 형체에 괜히 ⊙겁이 났어요. 하지만 그 사람이 누구인지 확인하고는 웃음을 터트렸어요. 아우도 똑같이 볏단을 지고 형네 집으로 걸어오고 있었기 때문이에요. 아우도 몰래 볏단을 가져다 두려던 것이었어요. 서로를 생각하며 나눔을 실천한 형제는 그 뒤로 더욱 우애 좋게 살았답니다.

3 이 이야기의 교훈은 무엇인지 쓰세요.

• 친구, 형제, 이웃에게 (   )을/를 실천하자.

4 ⊙과 관계있는 관용어는 무엇인가요? (   )

① 목이 타다   ② 배가 아프다   ③ 허파에 바람 들다

④ 머리털이 곤두서다   ⑤ 엉덩이가 근질근질하다

5 이 글의 내용을 바르게 말한 친구의 이름을 쓰세요.

> 가을: 아우가 형보다 손이 커서 일어난 일이구나.
>
> 채원: 형제는 엉덩이가 근질근질해서 서로 도우며 열심히 일했어.
>
> 민지: 형제는 서로의 일에 배 아파하지 않아서 우애가 좋았던 거야.

(   )

오늘의 어휘

70 허리가 휘다

아이구, 내 팔자야!

강아지가 집을 다 헤집어 놔서 아빠가 힘들게 치우고 있어. 이렇게 힘든 상황에 처했을 때 우리는 '허리가 휜다'라고 말해.

'허리가 휘다'는 허리가 실제로 휘어진다기보다 감당하기 어려운 일을 하느라 매우 힘들다는 말이야.

> 71
> 비 **허리가 부러지다**: 어떤 일에 대한 부담이 감당하기 어려워지다.

이렇게 써먹자~ 우리를 위해 **허리가 휘도록** 일하신 부모님, 감사합니다!

72 손때가 묻다

아이가 오래된 인형을 안고 자네. 잘 때는 그 인형이 꼭 필요한가 봐. 이럴 때 '손때가 묻다'라는 말을 써. '손때'란 오랫동안 쓰고 매만져서 *길이 든 흔적을 말해. 그래서 '손때가 묻다'는 물건을 오래 써서 길이 들거나 정이 들었다는 뜻이지.

* **길들다**: 어떤 일에 익숙하게 되다.

> 73
> 비 **손때가 오르다**: 그릇, 가구 따위를 오래 써서 길이 들거나 정이 들다.

이렇게 써먹자~ 내 보물 1호는 어릴 때부터 쓰던 **손때 묻은** 게임기야.

74 손발이 맞다

아이들이 2인 3각 달리기를 하고 있어. 손발이 척척 맞는군! '손발이 맞다'는 다른 사람의 손발과 나의 손발이 마치 한 몸인 것처럼 움직인다는 표현이야. 그만큼 함께 일을 할 때 마음이나 행동이 서로 맞다는 뜻이지.

75 반 **손발이 따로 놀다**: 함께 일을 할 때 마음이나 의견, 행동 등이 서로 맞지 않다.

이렇게 써먹자~ 너희들, 용돈 받아낼 때는 **손발이 척척 맞는구나!**

76 발등에 불이 떨어지다

으악, 지각이다!

학교에 가는 아이의 발등에 불이 떨어졌네. 발등에 불이 떨어지면 어떻게 해야 하지? 얼른 급한 불부터 꺼야겠지!

이처럼 당장 해결해야 하는 급한 일이 몹시 절박하게 닥쳤을 때 '발등에 불이 떨어지다'라고 말해.

* **절박하다**: 어떤 일이나 때가 가까이 닥쳐서 몹시 급하다.

77 비 **위급**: 어떤 일이나 상태가 몹시 위험하고 급함.

이렇게 써먹자~ 내일까지 얼른 숙제해야 돼! **발등에 불이 떨어졌어.**

1 다음 그림을 보고, 알맞은 관용어를 완성하세요.

(1)

□□ 이 맞다

(2)

□□ 에 □ 이
떨어지다

(3)

허리가 □□

(4)

□□ 가 묻다

2 다음 보기 와 같은 뜻을 가진 관용어가 되도록 주사위를 고르고, 두 수의 합을 구하여 쓰세요.

보기

감당하기 어려운 일을 하느라 매우 힘들다.

손발이	허리가	휘다	맞다
•	∷	∴	∷•

( )

3 다음 말에 알맞은 대답을 골라 선을 이으세요.

(1) 왜 그렇게 서두르는 거야? •

• ㉮ 발등에 불이 떨어졌거든.

• ㉯ 가슴에 불이 떨어졌거든.

(2) 하루 종일 숙제하느라 너무 힘들어. •

• ㉮ 숙제하다가 머리 휘겠네.

• ㉯ 숙제하다가 허리 휘겠네.

(3) 이건 손때 묻은 물건이라서 평생 안 버릴 거야. •

• ㉮ 오래 써서 소중한 물건이구나.

• ㉯ 더러워서 버리지 못하는구나.

오늘의 어휘

78 발을 뻗다

아이가 팔다리를 쭉 뻗고 대(大)자로 자고 있어. 마음이 편하면 잠을 자는 자세부터 달라지지.

이에 빗대서 걱정되거나 애쓰던 일이 끝나 마음을 놓을 때 '발을 뻗다'라고 표현해.

이렇게 써먹자~ 수행 평가가 끝났으니 오늘부터 **발 뻗고** 잘 수 있겠다!

79 손에 땀을 쥐다

우리나라 이겨라!

가족 모두가 손에 땀을 쥐고 우리나라 대표 팀의 경기를 보며 응원하고 있어. 긴장하면 손바닥에도 땀이 송글송글 나지.

'손에 땀을 쥐다'는 그만큼 아슬아슬하여 마음이 *조마조마하도록 몹시 *애달다는 뜻이야.

* **조마조마**: 앞으로 닥칠 일이 걱정되어 마음이 초조하고 불안한 모양.
* **애달다**: 마음이 쓰여 속이 달아오르는 듯하게 되다.

이렇게 써먹자~ 어제 경기는 **손에 땀을 쥐게** 하는 시합이었어.

80 발 벗고 나서다

소방관들이 위험을 무릅쓰고 활활 타오르는 불길 속으로 뛰어들어 가고 있어. 불을 끄고 건물 안에 남아 있는 사람들을 구하기 위해서야.

'발 벗고 나서다'는 신발을 벗고 나간다기보다 그만큼 적극적으로 나선다는 말이야.

> 81
> 비 **살신성인**: 자신의 몸을 희생하여 좋은 일을 하다.
> └ 殺 죽일 살 身 몸 신 成 이룰 성 仁 어질 인

이렇게 써먹자~ 이젠 지구 온난화 문제에 우리가 **발 벗고 나서야** 해.

82 엉덩이가 무겁다

아침에 봤는데 아직도 있네.

한 아이가 책을 좋아하는지 도서관에서 책을 읽기 시작하면 일어나지 않나 봐. 엉덩이가 무거워서 일어나지 못하는 것처럼 말이야.

'엉덩이가 무겁다'는 한번 자리를 잡고 앉으면 좀처럼 일어나지 않는다는 뜻이야.

> 83
> 반 **엉덩이가 가볍다**: 한자리에 오래 앉아 있지 못하고 금방 일어나다.

이렇게 써먹자~ 우리 형은 **엉덩이가 무거워서** 한번 공부를 시작하면 다 할 때까지 안 일어나.

퀴즈! 퀴즈!

1 다음 그림을 보고, 알맞은 관용어를 완성하세요.

(1)

발을 ☐☐

(2)

우리나라 이겨라!

손에 ☐ 을 ☐☐

(3)

☐☐☐ 나서다

(4)

아침에 봤는데 아직도 있네.

☐☐☐ 가
무겁다

2 다음 뜻을 가진 관용어를 완성하고, 낱자를 조합해서 글자를 만들어 쓰세요.

> 한번 자리를 잡고 앉으면 좀처럼 일어나지 않지.

ㅇ	어깨가
ㅎ	엉덩이가
ㄴ	가볍다
ㅣ	무겁다

(   )

3 관용어를 알맞게 사용한 칸을 색칠한 것은 무엇인가요? (   )

❶ 어려운 숙제도 이렇게 잘 끝낸 걸 보니 우린 <u>손발이 척척 맞는</u> 것 같아.	❷ 동생은 <u>엉덩이가 가벼운</u> 편이라서 친구 집에 놀러 가면 돌아올 줄을 몰라.	❸ 달리기 시합을 한다고? <u>엉덩이가 무거운</u> 친구를 데려올게.
❹ 어젯밤엔 오늘 선생님께서 혼날 생각에 <u>발을 뻗을</u> 수 있었어.	❺ 아까 발표를 하는데 너무 떨리는 거 있지? <u>손에 땀을 쥔</u> 순간이었어.	❻ 그때 먼저 <u>발 벗고 나서</u> 주어서 고마워. 모두 네 덕분이야.

①   ②   ③

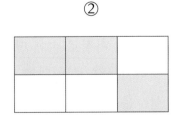

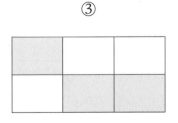

어휘 먹고, 독해 먹고

1 다음 글에 나오는 어린이들을 표현한 관용어는 무엇인가요? (   )

> 요즘 어린이들은 환경 보호에 적극적이라는데요. 많은 어린이가 음식을 남기지 않고 일회용품을 적게 쓰려고 노력합니다. 산책하며 쓰레기를 줍는 '플로깅'을 하기도 하고, 학교에서 우유를 마신 다음 깨끗이 씻은 팩을 모아 두루마리 휴지로 교환하는 활동도 합니다. 또 지구와 미래 세대를 위해 이상기후[*]대비책을 만들어 달라는 시위에 참여하기도 합니다. 아이들은 단순히 배우는 것에서 끝내지 않고 한 발짝 나아가 환경 보호를 직접 실천하고 있습니다. 앞으로 더욱 다양한 친환경 삶의 방식을 생각하고 다 함께 실천하는 사회가 되기를 기대해 봅니다.
>
> *대비책: 앞으로 일어날지도 모르는 일을 해결하기 위한 준비 방안.

① 손이 크다   ② 발이 넓다

③ 발을 뻗다   ④ 손발이 맞다

⑤ 발 벗고 나서다

2 다음 글을 읽고 감상을 말한 것으로 알맞지 <u>않은</u> 것에 ✕표 하세요.

> 피겨 여왕 김연아를 아시나요? 김연아 선수는 초기에 기업이나 단체의 [*]후원을 많이 받지 못했지만, 피나는 노력과 굳센 마음가짐으로 세계적인 피겨 선수가 될 수 있었습니다. 그 뒤에는 어머니의 헌신도 있었다고 합니다. 그 결과 뛰어난 피겨 실력과 섬세한 표현력으로 밴쿠버 동계 올림픽에서 금메달을 땄고, 최초로 4대 국제 대회의 상을 모두 따내는 그랜드슬램을 이루었습니다.
>
> 김연아 선수가 한국 피겨의 [*]위상을 높인 덕분에 우리나라 국민들도 피겨에 관심을 가지게 되었습니다. 모두가 김연아 선수의 경기가 있을 때마다 애타는 마음으로 응원했고, 많은 어린이가 피겨 선수를 꿈꾸게 되었습니다.
>
> *후원: 뒤에서 도와줌.
> *위상: 어떤 사물이 다른 사물과의 관계 속에서 가지는 위치나 상태.

(1) **선진**: 나도 김연아 선수의 경기를 보면 저절로 손에 땀이 쥐어지더라. (   )

(2) **민경**: 뛰어난 선수의 뒤편에는 허리가 휘도록 지원해 준 가족이 있었구나. (   )

(3) **혜성**: 김연아 선수는 대회에서 실수를 할까 봐 걱정이 되어 발을 뻗을 수 있었을 거야. (   )

[3~5] 다음 글을 읽고, 물음에 알맞게 답하세요.

> "아이고, 배고파! 언니들, 이러다 굶어 죽겠어요."
>
> 마을에 흉년이 들어 쫄쫄 굶은 세 자매는 나무뿌리라도 캐 먹으러 산에 올랐어요. 이때 눈이 밝아 별별 것을 다 보는 재주가 있는 맏이가 마을을 둘러보다가 두 동생을 불러 말했어요.
>
> "얘들아, 마을 사람들은 오랫동안 굶어서 죽어가는데 사또 사는 곳에만 잔치가 열렸어. 모두가 땀 흘려 일한 것을 혼자 빼앗아서 누리는구나!"
>
> 화가 난 세 자매는 곡식을 다시 되돌릴 작전을 세웠어요. 그리고 밤이 되자, 힘이 센 재주가 있는 둘째가 사또의 곳간에 몰래 들어가 쌀가마를 지고 밤새도록 이 집 저 집에 나눠 주었어요. 사또의 곳간은 텅텅 비었고, 다음 날 이 사실을 안 사또가 도둑을 잡으라며 길길이 날뛰었지요. 사또에게 끌려온 사람들이 모두 벌벌 떨고 있는데 막내가 쏜살같이 달려와 큰 소리로 외쳤어요.
>
> "내가 바로 도둑이오!"
>
> 막내는 실컷 곤장을 맞았지만 시원하다며 깔깔 웃기만 했어요. 막내는 사실 고통을 느끼지 않는 재주가 있기 때문이에요. 그리고 세 자매는 집에 돌아와서 맛있게 밥을 먹었답니다.

3 세 자매는 각각 어떤 재주를 가졌는지 쓰세요.

(1) 맏이: (   ) (2) 둘째: (   )
(3) 막내: (   )

4 이 글에 나온 내용으로 알맞은 것에 ○표, 알맞지 <u>않은</u> 것에 ✕표 하세요.

(1) 세 자매는 곡식을 되돌리는 일에 모두 발 벗고 나섰다. (   )
(2) 사또의 손때 묻은 곤장이 아니라서 막내는 곤장을 맞고도 아프지 않았다. (   )
(3) 사또는 마을 사람들이 굶어 죽는 것을 보고 발등에 불이 떨어졌다고 생각했다. (   )

5 빈칸에 들어갈 알맞은 관용어에 ○표 하세요.

> 세 자매는 (손에 땀을 쥐어 , 손발이 척척 맞아) 곡식을 되돌리는 데 성공했다.

관용어 총정리

1 다음 뜻을 가진 관용어를 완성하세요.

❶ 몹시 놀라다.

➡ ☐ 떨어지다

❼ 실없이 행동하거나 지나치게 웃다.

➡ ☐☐ 에 ☐☐ 들다

❷ 심하게 갈증을 느끼다.

➡ 목이 ☐☐

❽ 무언가를 몹시 안타깝게 기다리다.

➡ ☐ 이 ☐☐☐ 기다리다

❸ 씀씀이가 후하고 크다.

➡ ☐ 이 ☐☐

❾ 머리를 써서 해결 방안을 생각해 내다.

➡ 머리를 ☐☐☐

❹ 남이 잘되어 심술이 나다.

➡ ☐ 가 ☐☐☐

❿ 먹은 것이 너무 적어 먹으나 마나 하다.

➡ ☐ 에 ☐☐ 도 안 가다

❺ 무섭거나 놀라서 긴장되다.

➡ 머리털이 ☐☐☐☐

⓫ 칭찬을 받거나 하여 기분이 으쓱해지다.

➡ 어깨가 ☐☐☐☐

❻ 양심에 근거를 두고 생각하다.

➡ ☐☐ 에 ☐ 을 얹다

⓬ 무거운 책임을 져서 마음에 부담이 크다.

➡ ☐☐ 가 무겁다

2 관용어의 뜻에 알맞은 낱말을 골라 ○표 하세요.

❶ | 발 벗고 나서다 | 적극적으로 (나서다 , 두고 보다).

❷ | 발등에 불이 떨어지다 | 일이 몹시 (절박하게 , 끊임없이) 닥치다.

❸ | 발을 뻗다 | 걱정하거나 애쓰던 일이 끝나 (일 , 마음)을 놓다.

❹ | 가슴이 뜨끔하다 | 자극을 받아 놀라거나 (양심 , 의심)의 가책을 받다.

❺ | 발이 넓다 | 사귀어 (아는 , 모르는) 사람이 많아 활동 범위가 넓다.

❻ | 손때가 묻다 | 물건을 (오래 , 형편없이) 써서 길이 들거나 정이 들다.

❼ | 허리가 휘다 | 감당하기 어려운 일을 하느라 매우 (힘들다 , 재미있다).

❽ | 손발이 맞다 | 함께 일을 할 때 마음이나 행동이 서로 (맞다 , 엇갈리다).

❾ | 엉덩이가 무겁다 | 한번 자리를 잡고 앉으면 좀처럼 (말하지 , 일어나지) 않는다.

❿ | 머리를 맞대다 | 어떤 일을 의논하거나 결정하기 위해 (혼자 , 서로) 마주 대하다.

⓫ | 손에 땀을 쥐다 | 아슬아슬하여 마음이 (조마조마 , 조곤조곤)하도록 몹시 애달다.

⓬ | 엉덩이가 근질근질하다 | 한군데 가만히 앉아 있지 못하고 자꾸 (엎드려 , 일어나) 움직이고 싶어 하다.

생활

'생활'이란 우리가 일정한 곳에서 활동하며 살아가는 것을 말해.
우리가 생활하기 위해서는 여러 가지 물건들이 필요하지.
이번 장에서는 우리 생활과 관련된 관용어를 배워 보자.

● 학습 계획표 ●

공부한 날		학습 내용	확인
21 day	/	오늘의 어휘 84 ~ 89	
22 day	/	오늘의 어휘 90 ~ 93	
23 day	/	어휘 먹고, 독해 먹고	
24 day	/	오늘의 어휘 94 ~ 97	
25 day	/	오늘의 어휘 98 ~ 103	
26 day	/	어휘 먹고, 독해 먹고	
27 day	/	오늘의 어휘 104 ~ 108	
28 day	/	오늘의 어휘 109 ~ 115	
29 day	/	어휘 먹고, 독해 먹고	
30 day	/	척 하면 착! 관용어 총정리	

오늘의 어휘

84 밥 먹듯 하다

쟤들은 매일 축구하네.

밥은 언제 먹을까? 하루에 세 번, 매일 먹지! 우리가 매일 밥을 챙겨 먹는 것처럼 하루도 거르지 않고 매일 축구하는 친구들이 있어.

그만큼 어떤 일을 매우 자주 할 때 '밥 먹듯 하다'라고 말해. 그럼 우리는 어떤 일을 밥 먹듯 하는지 떠올려 볼까?

85 비 주야장천: 밤낮으로 쉬지 않고 연달아.

└ 畫 낮 주 夜 밤 야 長 길 장 川 내 천

이렇게 써먹자~ 거짓말을 자꾸 하면 나중엔 **밥 먹듯이 하게** 돼.

86 시치미를 떼다

강아지가 슬리퍼를 물어뜯어 놓고 모른 척 눈알만 굴리고 있어. '시치미를 떼다'는 자기가 하고도 하지 않은 척하거나 알면서도 모르는 척한다는 뜻이야.

'시치미'는 매사냥이 유행했던 고려 시대에 자기 매에다 달았던 이름표를 말해. 그런데 매를 훔친 사람이 시치미를 떼어 내고 자기 매인 양 행동하며 *발뺌했대. 여기에서 유래한 말이 '시치미를 떼다'야.

* **발뺌하다**: 자기와 관계된 일에 책임지지 않으려고 핑계를 대며 빠지다.

이렇게 써먹자~ 동생이 내 옷을 몰래 입어 놓고 아닌 척 **시치미를 떼고** 있는 것 같아.

87 *뜸을 들이다

… 이번 우승자는…….

음……. 잠시 후에 공개됩니다!

진행자가 우승자를 발표하기 전에 시간을 너무 오래 끌고 있어. 발표를 할 듯 말 듯해서 아이들은 속이 까맣게 탈 거야.

이처럼 일이나 말을 할 때 한동안 멈추어서 듣는 이를 초조하게 하거나 기대를 불러일으키는 것을 '뜸을 들인다'고 말해.

＊뜸: 음식을 찌거나 삶아서 익힐 때 불을 끄고 한참 동안 뚜껑을 열지 않고 그대로 두어 골고루 잘 익게 하는 일.

이렇게 써먹자~ 하고 싶은 말이 있다면서 왜 이렇게 **뜸을 들여**?

88 *한술 더 뜨다

자, 후식 먹자!

더 이상 못 먹겠는데…….

아이가 이미 배부르게 밥을 먹어서 더 이상 먹을 수가 없는데 할머니가 후식으로 과일을 잔뜩 깎아 오셨어. 이처럼 이미 어느 정도 잘못되어 있는데 한 단계 더 나아가 엉뚱한 짓을 한다는 말이 바로 '한술 더 뜨다'야.

＊한술: 숟가락으로 한 번 뜬 정도의 적은 음식.

89

＋ **설상가상**: 곤란하거나 불행한 일이 잇따라 일어남.

⌐ 雪 눈 설 　上 위 상 　加 더할 가 　霜 서리 상

이렇게 써먹자~ 회장이 우리보고 장기자랑에서 춤을 추라고 시켰는데, 수미가 **한술 더 떠서** 노래까지 하쟤.

퀴즈! 퀴즈!

1 다음 그림을 보고, 알맞은 관용어를 완성하세요.

(1)

를 떼다

(2)

을 들이다

(3)

밥 | | | 하다

|---|---|

(4)

한술 더 | |

|---|---|

2 다음과 비슷한 뜻의 관용어가 되도록 낱말을 묶으세요.

(1) 발뺌하다

뜸을	뜨다	발을
들이다	틈을	보이다
시치미를	떼다	없다

(2) 주야장천

쓰다	밥	더
한술	먹듯	뜨다
먹이다	하다	손이

3 다음 상황에 알맞은 관용어를 고르고, 두 수의 합을 구하여 쓰세요.

하고 싶은 말이 있는데…….
음…… 그냥 내일 얘기할게.

아빠, 어린이날 선물로 노트북
사 주시는 김에 휴대폰도 사 주세요!

1	뜸을 들이다
4	시치미를 떼다

7	한술 더 뜨다
9	밥 먹듯 하다

(   )

오늘의 어휘

90 골탕을 먹다

너, 일부러 그랬지!

강아지가 일부러 현관 앞에 똥을 쌌나 봐. 아이가 제대로 골탕을 먹은 것 같지? '골탕'은 한꺼번에 호되게 당하는 곤란스러운 일을 말해.

그래서 '골탕을 먹다'는 크게 손해를 입히거나 *낭패를 당한다는 뜻이야. 반대로 남에게 손해를 입히거나 낭패를 당하게 만드는 것은 '골탕을 먹이다'라고 해.

* **낭패**: 일이 계획하거나 기대한 대로 되지 않아 곤란한 상황에 빠짐.

이렇게 써먹자~ 유미가 나를 **골탕 먹이려고** 약속 장소로 엉뚱한 곳을 가르쳐 줬어.

91 국물도 없다

아이가 당황한 표정으로 텅텅 빈 그릇을 뒤집어 보고 있어. 국물에 건더기만 빠져도 섭섭한데, 국물 한 방울도 주지 않는다면 당연히 실망하겠지?

이처럼 받는 것이 하나도 없을 때 '국물도 없다'라고 말해. 돌아오는 몫이나 이득이 아무것도 없다는 뜻이야.

이렇게 써먹자~ 국어 시험 백 점 받으면 엄마가 뭐라도 사 주는 줄 알았더니 **국물도 없었어!**

107 고사리 같은 손

'고사리'하면 반찬으로 먹는 채소를 떠올리기 마련이지만, 어린 고사리는 동그랗게 오므려져 있어. 아기의 손도 작고 동그랗게 오므려져 있는 것 알지?

이처럼 '고사리 같은 손'은 어린아이의 여리고* 포동포동한 손을 비유적으로 이르는 말이야. 부모님 눈에는 너의 손도 고사리 같은 손이란다.

＊ **여리다**: 단단하거나 질기지 않아 부드럽거나 약하다.

이렇게 써먹자~ 막내까지 나서서 **고사리 같은 손**으로 엄마를 돕겠다고 하네.

108 *변덕이 죽 끓듯 하다

바다 싫어!
놀이공원 갈래!

어젠 바다가
좋다며?

아이가 어제는 바다가 좋다더니, 오늘은 놀이공원에 가자며 떼를 쓰고 있네. 휙휙 변하는 이 아이의 마음처럼 죽을 끓이다 보면 갑자기 거품이나 물이 팍 튈 때가 있어. 한마디로 어디로 튈지 모르는 거지.

이런 모습에 빗대어 말이나 행동을 몹시 이랬다저랬다 할 때 '변덕이 죽 끓듯 하다'라고 해.

＊ **변덕**: 이랬다저랬다 잘 변하는 태도나 성질.

이렇게 써먹자~ 십 분 전에는 나가서 놀기 싫다더니 지금은 꼭 나가야겠다고? **변덕이 죽 끓듯** 하는구만.

1 다음 그림을 보고, 알맞은 관용어를 완성하세요.

(1)

변덕이

☐☐☐ 하다

(2)

☐☐☐ 같은 손

(3)

한 ☐☐ 을 파다

(4)

☐☐☐ 를 졸라매다

2 다음 관용어에 어울리는 인물을 골라 선을 이으세요.

(1) 고사리 같은 손 •

(2) 변덕이 죽 끓듯 하다 •

(3) 한 우물을 파다 •

(4) 허리띠를 졸라매다 •

• ㉮ 하루에 열두 번도 넘게 먹고 싶은 게 바뀌는 호동

• ㉯ 키친타월 한 장도 여러 번 다시 쓰시는 할머니

• ㉰ 두 손을 꼭 잡고 기도하는 5살 채린이

• ㉱ 평생 도자기 빚는 일만 한 도자기 장인

3 관용어의 사용이 알맞으면 오른쪽 칸으로, 알맞지 <u>않으면</u> 아래 칸으로 선을 긋고 어떤 음식이 나오는지 쓰세요.

출발 ➡

❶ 우리 할머니는 이 가게에서 10년 넘게 '칼국수'라는 한 우물만 파셨어.

❷ 다행히도 장사가 잘 되어서 할머니는 언제나 허리띠를 졸라매셨다고 해.

❸ 우리 아빠도 고사리 같은 손으로 할머니의 칼국수 장사를 도와주셨어.

❹ 칼국수 가격도 여전히 10년 전 그대로래. 변덕이 죽 끓듯 하신 거지.

( )

오늘의 어휘

109 미역국을 먹다

아이가 이번 시험을 제대로 망쳤나 봐. 미역이 미끄러워서인지 시험을 치를 때 미역국을 먹으면 시험에서 떨어진다는 미신이 생겼는데, 이 때문에 '미역국 먹었다'라고 하면 시험에서 떨어졌다는 뜻이 되었다고 해.

110·111
+ **떡국을 먹다**: 나이를 한 살 더 먹다.
+ **국수를 먹다**: 결혼식을 올리다.

이렇게 써먹자~ 다음 시험도 **미역국 먹기** 싫으면 이젠 진짜 공부해야 해.

112 날로 먹다

야, 먹지 말라고!

김밥을 다 만들고 나니 다른 아이가 와서 얼른 집어 먹어 버리네. 아무것도 하지 않고 맛있는 음식을 먹을 때처럼, 아무런 노력을 하지 않고도 원하는 것을 이루거나 가졌을 때 '날로 먹다'라고 해.

113
비 **어부지리**: 두 사람이 서로 다투는 사이에 다른 사람이 힘들이지 않고 이익을 대신 얻음.

└ 漁 고기잡을 어 夫 남편 부 之 갈 지 利 이로울 리

이렇게 써먹자~ 성공한 사람들이 단순히 운이 좋아서 **날로 먹었다**고 생각하면 안 돼.

114 색안경을 끼고 보다

선글라스 같은 색안경 껴 봤니? 색안경을 끼고 세상을 보면 있는 그대로의 색으로 보이지 않고 안경알의 색이 덧입혀져 보이지.

그래서 *주관이나 *선입견에 얽매여 좋지 않게 생각하는 것을 '색안경을 끼고 보다'라고 말해.

* 주관: 자기만의 생각이나 눈높이.
* 선입견: 어떤 것에 대해 이미 마음속에 둔 편견.

이렇게 써먹자~ 아는 것이 없을수록 **색안경을 끼고 보게** 되는 것 같아.

115 마음이 굴뚝같다

아이가 떡볶이 집 앞을 지나며 침을 꼴깍 삼키고 있어. 떡볶이를 먹고 싶은 마음이 굴뚝같은가 봐.

'굴뚝같다'는 바라거나 그리워하는 마음이 몹시 간절하다는 뜻이야. 그러니까 '마음이 굴뚝같다'도 무엇을 간절히 하고 싶거나 몹시 원한다는 표현이 된단다.

이렇게 써먹자~ 나가서 놀고 싶은 **마음이 굴뚝같지만** 내일이 시험이라 그럴 수 없어.

1 다음 그림을 보고, 알맞은 관용어를 완성하세요.

(1)

□□ 먹다

(2)

□□□ 을 먹다

(3)

□□□ 을
끼고 보다

(4)

마음이
□□ 같다

2 다음 빈칸에 알맞은 말을 넣어 밑줄 친 관용어의 뜻을 완성하세요.

(1)

색안경을 끼고 보면 아무리 좋은 것도 다 나빠 보이지.

➡ 주관이나 ☐☐☐ 에 얽매여 좋지 않게 생각하다.

(2)

손 하나 까딱하지 않고 어디서 날로 먹으려고 해?

➡ 아무런 ☐☐ 을 하지 않고도 원하는 것을 이루거나 가짐.

3 문장에 어울리는 관용어가 되도록 빈칸에 들어갈 알맞은 음식을 찾아 선으로 이으세요.

(1)

오늘 내 생일인데
하필 시험이랑 겹쳤네.
☐ 먹는다고
떨어지진 않겠지?

•

(2)

이모가 내년에 ☐
먹으러 오라고 했어.
내년에는 진짜로
결혼할 건가 봐.

•

(3)

삼촌이 ☐ 한 그릇
먹고 올해부턴 철 좀
들으라고 하셨어.

•

•
㉮
떡국

•
㉯
미역국

•
㉰
국수

1 ㉠의 뜻으로 알맞은 것은 무엇인가요? (   )

> "아, 어떡해."
>
> 찬희는 땅이 꺼지게 한숨을 쉬었다. 고개를 푹 숙인 찬희에게 수현이가 다가와서 어깨동무를 했다. 딱 봐도 찬희가 ㉠또 미역국을 먹은 모양이었다.
>
> "야, 괜찮아. 다음에 더 잘하면 되지. 뭐라도 먹으러 갈래?"
>
> "미역국 많이 먹어서 배부른데."
>
> 수현이 덕에 기분이 조금 나아진 찬희가 농담을 했다. 이에 수현이는 한술 더 뜨며 대꾸했다.
>
> "찬희야, 너는 더 먹을 수 있잖아. 가자, 떡볶이 먹으러!"

① 시험에서 또 좋은 점수를 얻지 못했다.

② 시험 공부를 하느라 친구들과 멀어졌다.

③ 시험에 떨어지지 않으려고 미역국만 먹었다.

⑤ 잘 못하는 과목이어서 시험 공부를 포기했다.

④ 좋아하는 과목에 집중하다가 공부할 시간이 부족했다.

2 지하철 에스컬레이터 안전 수칙을 바르게 말한 친구를 찾아 ○표 하세요.

> **지하철 에스컬레이터 안전 수칙을 지키자**
>
> 지하철 역에서 에스컬레이터 안전 수칙을 지키지 않는 사람들이 많습니다. 하지만 모두의 안전을 위해 에스컬레이터 안전 수칙은 꼭 지켜야 합니다.
>
> 1. 에스컬레이터에서는 걷거나 뛰지 마세요. 빨리 가서 열차를 타고 싶을 땐 계단을 이용해야 합니다.
>
> 2. 넘어지지 않도록 손잡이를 꼭 붙잡아 주세요. 실수로 중심을 잃고 넘어지면 크게 다칠 수 있습니다.
>
> 3. 에스컬레이터에서는 두 줄 서기를 해 주세요. 한쪽으로만 서면 에스컬레이터 고장이 잘 나기 때문입니다.

(1) 은진: 허리띠 졸라매고 사는 사람들을 위해 한 줄로 서서 타야 해. (   )

(2) 해린: 빨리 가고 싶은 마음이 굴뚝같더라도 걷거나 뛰지 말아야 해. (   )

(3) 송아: 고사리 같은 손으로 에스컬레이터 손잡이를 잡았다간 다치기 쉬워. (   )

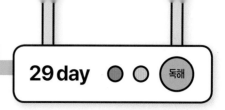

[3~5] 다음 글을 읽고, 물음에 알맞게 답하세요.

옛날 우리 조상들은 어떻게 책을 만들어 읽었을까요? TV에서 옛사람들의 모습을 그린 장면을 보면 붓글씨로 일일이 글을 써 내려가는 것을 볼 수 있어요. 하지만 모든 책을 직접 손으로 써야 한다면 ㉠평생 책 쓰는 일에만 매달려도 시간이 부족할 거예요. 그래서 *금속 판으로 책을 찍어 낼 수 있는 인쇄술이 고려 시대 때 발명되었답니다. 그렇다면 어떻게 고려 시대에 인쇄 기술이 나올 수 있었을까요?

고려 시대 때 궁궐에 두 차례나 불이 나서 수만 권의 책이 불탄 적이 있어요. 그 무렵 한반도와 주로 *교역하던 중국은 한참 전쟁이 끊이지 않아 중국에서 책을 사 오는 것도 어려웠지요. 결국, 고려는 필요한 책을 직접 인쇄하는 길밖에 없었어요. 하지만 고려에는 글자를 찍어 낼 활자를 만들기 알맞은 나무가 적었어요. 그 대신 금속 판을 정교하게 조각할 수 있는 기술이 있었고, 금속으로 만든 종에 글을 새긴 경험이 있었어요. 금속 *세공 기술이 뛰어났던 것이에요. 이런 이유로 고려에서 세계 최초의 금속 활자 인쇄본이 탄생할 수 있었답니다.

* **금속**: 쇠, 금, 은처럼 열과 전기를 잘 통과시키며 광택이 있는 단단한 물질.
* **교역**: 주로 나라와 나라 사이에서 물건을 사고팔고 하여 서로 바꿈.
* **세공**: 손으로 정밀하게 만듦.

3 금속 활자 인쇄술은 어느 시대에 탄생했는지 쓰세요.

(   )

4 ㉠과 관계있는 관용어는 무엇인가요? (   )

① 날로 먹다   ② 한 우물을 파다   ③ 마음이 굴뚝같다
④ 허리띠를 졸라매다   ⑤ 색안경을 끼고 보다

5 이 글에 대한 감상을 알맞게 말한 친구의 이름을 쓰세요.

혜정: 고려는 금속 활자 인쇄술을 날로 먹은 것이나 다름없네.

하람: 중국의 변덕이 죽 끓듯 하던 행동에 책을 사 올 수 없었구나.

서윤: 옛날엔 인쇄 기술이 없을 줄 알았는데 그동안 내가 색안경을 끼고 봤나 봐.

(   )

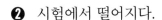

척 하면 착! 관용어 총정리

1 다음 뜻을 가진 관용어를 완성하세요.

❶ 몹시 원하다.

➡ 마음이 [　　][　　] 같다

❷ 시험에서 떨어지다.

➡ [　　][　　][　　]을 먹다

❸ 남의 잘못을 탓하다.

➡ 돌을 [　　][　　][　　]

❹ 어떤 일에 전혀 관심을 두지 않다.

➡ [　　][　　] 쌓다

❺ 몹시 지치고 피곤한 상태가 되다.

➡ [　　][　　][　　]가 되다

❻ 오직 하나뿐이고 더 이상은 없다.

➡ [　　][　　] 없다

❼ 말이나 행동을 몹시 이랬다저랬다 하다.

➡ [　　][　　]이 죽 끓듯 하다

❽ 어린아이의 여리고 포동포동한 손.

➡ [　　][　　][　　] 같은 손

❾ 한 가지 일에 몰두하여 끝까지 하다.

➡ [　　][　　][　　]을 파다

❿ 검소한 생활을 하다, 배고픔을 참다.

➡ 허리띠를 [　　][　　][　　][　　]

⓫ 남의 기분이나 행동에 맞추어 좋게 대하다.

➡ [　　][　　]을 맞추다.

⓬ 아무런 노력을 하지 않고도 원하는 것을 이루거나 가지다.

➡ 날로 [　　][　　]

2 관용어의 뜻에 알맞은 낱말을 골라 ○표 하세요.

❶ 밥 먹듯 하다 　　　어떤 일을 매우 (쉽게 , 자주) 하다.

❷ 골탕을 먹다 　　　크게 (손해 , 은혜)를 입거나 낭패를 당하다.

❸ 깨가 쏟아지다 　　　몹시 아기자기하고 (재미가 나다 , 시끌벅적하다).

❹ 도마 위에 오르다 　　　어떤 대상이나 문제가 (칭찬 , 비판)의 대상이 되다.

❺ 찬밥 더운밥 가리다 　　　어려운 형편에 있으면서 (거친 , 배부른) 행동을 하다.

❻ 국물도 없다 　　　돌아오는 몫이나 이득이 (아무것도 없다 , 너무 많다).

❼ 색안경을 끼고 보다 　　　주관이나 선입견에 얽매여 (긍정적으로 , 좋지 않게) 생각하다.

❽ 비행기를 태우다 　　　남을 지나치게 칭찬하거나 (낮게 깎아내리다 , 높이 추어올리다).

❾ 바가지를 쓰다 　　　요금이나 물건값을 원래보다 (비싸게 , 저렴하게) 주어 손해를 보다.

❿ 시치미를 떼다 　　　자기가 하고도 하지 않은 척하거나 알면서도 (아는 , 모르는) 척하다.

⓫ 한술 더 뜨다 　　　이미 어느 정도 잘못되어 있는데 한 단계 (뒤늦게 , 더 나아가) 엉뚱한 짓을 하다.

⓬ 뜸을 들이다 　　　일이나 말을 할 때 한동안 (멈추어서 , 멈추지 않아서) 듣는 이를 초조하게 하거나 기대를 불러일으키다.

4

자연

인간이 만들지 않아도 저절로 생겨난 것들을 '자연'이라고 해.
하늘과 땅, 산과 바다, 동식물 같은 것들이 모두 자연의 일부야.
이번 장에서는 자연과 관련된 관용어를 배워 보자.

●학습 계획표●

공부한 날		학습 내용	확인
31 day	/	오늘의 어휘 116 ~ 122	
32 day	/	오늘의 어휘 123 ~ 126	
33 day	/	어휘 먹고, 독해 먹고	
34 day	/	오늘의 어휘 127 ~ 133	
35 day	/	오늘의 어휘 134 ~ 138	
36 day	/	어휘 먹고, 독해 먹고	
37 day	/	오늘의 어휘 139 ~ 145	
38 day	/	오늘의 어휘 146 ~ 151	
39 day	/	어휘 먹고, 독해 먹고	
40 day	/	척 하면 착! 관용어 총정리	

오늘의 어휘

116 하늘과 땅

비행기를 타고 창밖을 내려다보면 땅의 풍경이 개미만큼 작아지는 걸 볼 수 있어. 땅에서 하늘까지 어마어마하게 멀리 떨어져 있다는 것을 알게 되지.

'하늘과 땅'은 둘 사이에 큰 차이나 거리가 있음을 빗대어 이르는 말이야. *'천지 차이'라는 말도 두 대상 사이의 차이가 하늘과 땅 만큼 많이 남을 이르는 말이지.

*천지: 하늘과 땅

이렇게 써먹자~ 아빠와 나의 멀리뛰기 실력은 **하늘과 땅** 차이야.

117 벌집을 건드리다

아이가 벌집을 건드렸나 봐! 벌집을 함부로 건드리면 벌에 잔뜩 쏘일 수 있으니 조심해야 해.

'벌집을 건드리다'는 건드리면 안 될 것을 공연히 건드려 *탈을 일으킴을 뜻해.

*탈: 전혀 예상치 못한 사고.

118 비 **숙호충비**: 가만히 있는 사람을 공연히 건드려서 화를 입거나 일을 불리하게 만듦.

宿 잠잘 숙　虎 범 호　衝 찌를 충　鼻 코 비

이렇게 써먹자~ 잔뜩 화가 난 형 앞에서 깐족거렸으니 **벌집을 건드린** 셈이지.

119 강 건너 불구경

야! 싸움 났다!

친구들끼리 싸움이 났는데 말릴 생각도 하지 않고 지켜보기만 하는구나.

이런 태도를 '강 건너 불구경'이라고 해. 자기에게 관계없는 일이라고 해서 무관심하게 보기만 하는 모양을 뜻하지.

120
비 **수수방관**: 팔짱 끼고 보고만 있다는 뜻으로, 어떤 일에 간섭하지 않고 그대로 내버려 둠.

袖 소매 수 手 손 수 傍 곁 방 觀 볼 관

이렇게 써먹자~ 동생이 넘어졌는데 **강 건너 불구경**하듯 가만히 있으면 어떻게 하냐?

121 불 보듯 뻔하다

숨바꼭질을 하는데 한 아이가 술래에게 금방 잡힐 것 같은 장소에 숨었네. 이 아이가 술래에게 잡힐 거라는 사실은 불을 보듯 뻔해.

'불 보듯 뻔하다'는 앞으로 일어날 일이 의심할 것 없이 확실함을 이르는 말이야.

122
비 **명약관화**: 불을 보듯 분명하고 뻔함.

明 밝을 명 若 같을 약 觀 볼 관 火 불 화

이렇게 써먹자~ 그렇게 얇게 입고 밖으로 쏘다니면 감기에 걸릴 것이 **불 보듯 뻔해.**

1 다음 그림을 보고, 알맞은 관용어를 완성하세요.

(1)

강 건너 ☐☐☐

(2)

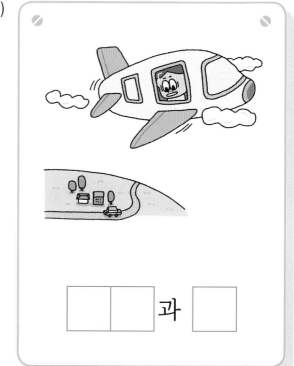

☐☐ 과 ☐

(3)

☐☐ 을 건드리다

(4)

☐ 보듯 ☐ 하다

2 다음 말과 어울리는 관용어를 완성하고, 낱자를 조합해서 글자를 만들어 쓰세요.

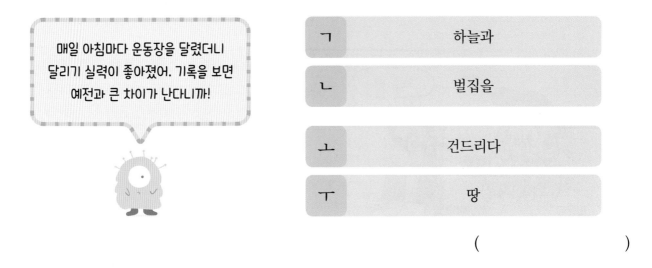

매일 아침마다 운동장을 달렸더니 달리기 실력이 좋아졌어. 기록을 보면 예전과 큰 차이가 난다니까!

ㄱ	하늘과
ㄴ	벌집을
ㅗ	건드리다
ㅜ	땅

(   )

3 다음 사다리를 따라가 상황과 관용어에 어울리는 관용어면 ○표, 어울리는 관용어가 <u>아니면</u> ✕표 하세요.

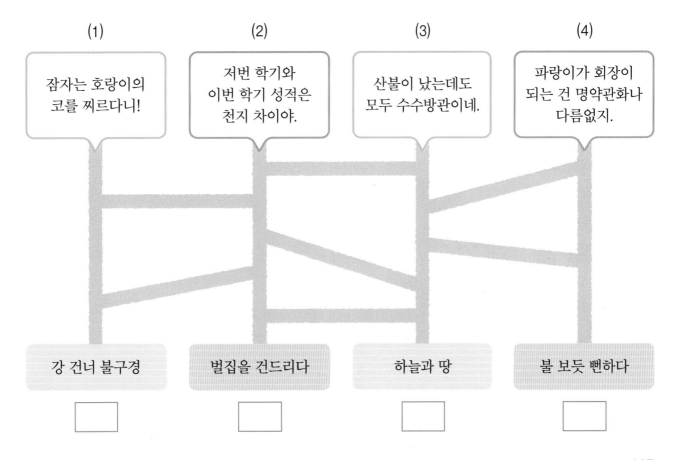

(1) 잠자는 호랑이의 코를 찌르다니!

(2) 저번 학기와 이번 학기 성적은 천지 차이야.

(3) 산불이 났는데도 모두 수수방관이네.

(4) 파랑이가 회장이 되는 건 명약관화나 다름없지.

| 강 건너 불구경 | 벌집을 건드리다 | 하늘과 땅 | 불 보듯 뻔하다 |

오늘의 어휘

123 닭똥 같은 눈물

왜 울어?

한 친구가 왕방울만한 눈물을 뚝뚝 흘리며 울고 있어. '닭똥 같은 눈물'은 이처럼 몹시 방울이 굵은 눈물을 비유적으로 이르는 말이야.

왜 하필 닭똥이냐고? 닭의 몸통에서 똥이 툭툭 떨어지는 모양새를 상상해 봐!

이렇게 써먹자~ 할아버지의 호통에 윤수의 눈에서 **닭똥 같은 눈물**이 떨어졌어.

124 바람 쐬다

가족끼리 나들이를 나왔어. 밖으로 나가서 시원한 바람을 맞으면 기분이 정말 좋아지지.

'바람 쐬다'는 기분 전환*을 위해 바깥을 거닌다는 뜻이야. 잠시 산책을 다녀오는 것도 바람을 쐰다고 해.

* 전환 : 다른 방향이나 상태로 바뀌거나 바꿈.

이렇게 써먹자~ 하루 종일 집에만 있었더니 머리가 아프네. **바람 쐬러** 가자.

[3~5] 다음 글을 읽고, 물음에 알맞게 답하세요.

산차는 모두에게 친절하고 따뜻한 아이였습니다. 아무런 대가 없이 일손을 돕기도 하고, 배고픈 사람들에게 음식을 나누기도 했습니다. 사람들이 산차를 칭찬하면 산차는 당연한 일이라며 항상 겸손하게 대답할 뿐이었습니다.

그러던 어느 날, 산차는 가게에서 가방 한가득 빵을 훔치다가 주인에게 붙잡혔습니다. 산차가 어떤 사람인지 알던 마을 사람들은 모두 충격을 받았습니다. 왜 그랬는지 물어도 산차는 죗값을 치르겠다며 아무 말도 하지 않았고, 결국 감옥에 갇히게 되었습니다. 그러자 기브라는 이름의 꼬마가 가게 주인을 찾아가 산차를 한 번만 도와 달라고 울며불며 매달렸습니다. 기브만이 산차의 비밀을 알고 있었기 때문입니다. 기브는 산차가 굶주린 아이들을 도왔는데 그 수가 점점 늘어나 돈이 다 떨어지자 도둑질까지 하게 되었다고 말했습니다. 처음엔 우유 한 병, 사과 세 개였지만 그 비밀을 감추기 위해 점점 더 많은 음식을 훔치게 되면서 결국 들통이 나고 만 것이었습니다. 이 일을 알게 된 가게 주인은 바로 산차가 풀려날 수 있도록 선처해 주었고, 눈물을 흘리는 산차에게 말했습니다.

"용서해 줄 테니 우리 가게에서 일하지 않을래요? 나는 팔고 남은 빵을 점원들과 나누거든요."

3 산차를 돕기 위해 나선 아이의 이름을 쓰세요.

(   )

4 빈칸에 들어갈 알맞은 관용어에 ○표 하세요.

(꼬리가 길게 , 쥐도 새도 모르게) 음식을 훔쳐 나누던 산차는 꼬리를 밟혀 붙잡히고 말았다.

5 이 글을 읽고 말한 감상으로 알맞은 것에 모두 ○표 하세요.

(1) 기브의 뜬구름 잡는 행동으로 산차에게도 좋은 일이 생겼어. (   )

(2) 남을 돕기 위해 물불을 가리지 않는 태도에서 산차의 진심이 느껴졌어. (   )

(3) 물건을 훔친 행동은 이미 엎지른 물이지만, 가게 주인이 용서해 주어서 다행이야. (   )

오늘의 어휘

139 가시 돋다

한 번만 더 장난쳐 봐!

한 아이가 친구의 계속된 장난 때문에 짜증이 났나 봐. 친구에게 날카로운 경고를 하고 있어. 이럴 때 '가시 돋다'라는 말을 써.

이 말은 공격의 의도나 불평불만이 있다는 뜻이야. 강조해서 '가시 돋치다'라고도 말해.

140
비 **일침**: 따끔할 정도로 정확하고 날카로운 충고나 경고.

이렇게 써먹자~ 친구들에게 섭섭했는지 오늘따라 **가시 돋은** 말만 나왔어.

141 뿌리를 뽑다

토마토가 더 잘 자라도록 잡초를 뽑아 주고 있네. 이때 뿌리째 뽑아야 잡초가 다시 자라지 않겠지?

'뿌리를 뽑다'는 어떤 것이 생겨나고 자랄 수 있는 원인을 없애 버린다는 말이야.

142
비 **참초제근**: 걱정이나 나쁜 일이 될 만한 일은 뿌리째 뽑아야 함.

斬 벨 참 草 풀 초 除 덜 제 根 뿌리 근

이렇게 써먹자~ 학교 폭력을 **뿌리 뽑기** 위해 우리가 모두 노력해야 해.

143 게 눈 감추듯

산 정상에 오른 아이들이 김밥을 정신없이 먹고 있어. 이럴 때 '게 눈 감추듯' 먹는다고 해. 음식을 허겁지겁 빨리 먹어 치운다는 뜻이야.

게가 등껍질 속으로 얼른 눈을 감추는 속도처럼 빠르다는 표현이지.

> **144**
> 비 **두꺼비 파리 잡아먹듯**: 음식을 매우 빨리 먹어 버리는 모습을 비유적으로 이르는 말.

이렇게 써먹자~ 고기가 구워지자마자 **게 눈 감추듯** 다 먹어 버렸어.

145 빙산의 *일각

바다 위에 떠 있는 커다란 얼음 조각을 '빙산'이라고 해. 빙산은 엄청 거대한데, 바다 위로 드러난 부분은 약 10분의 1 크기 밖에 안 된다고 해. 우리 눈에 보이는 것보다 빙산이 9배나 큰 거지.

이를 빗댄 말이 '빙산의 일각'이야. 대부분이 숨겨져 있고 겉으로 드러난 부분은 일부분에 지나지 않는다는 표현이야.

*일각: 커다란 전체의 한 부분.

이렇게 써먹자~ 우리 강아지가 너희들한테 보여 준 성질 머리는 **빙산의 일각**이야.

1 다음 그림을 보고, 알맞은 관용어를 완성하세요.

(1)

한 번만 더 장난쳐 봐.

☐☐ 돈다

(2)

☐☐ 감추듯

(3)

☐☐ 를 뽑다

(4)

빙산의 ☐☐

2 다음 뜻을 가진 관용어가 되도록 알맞은 말에 ○표 하세요.

(1) 공격의 의도나 불평불만이 있다. ➡

가시	노랗다
싹이	돋다

(2) 어떤 것이 생겨나고 자랄 수 있는 원인을 없애 버리다. ➡

뿌리를	일각
빙산의	뽑다

3 다음 말에 어울리는 관용어를 찾아 선으로 이으세요.

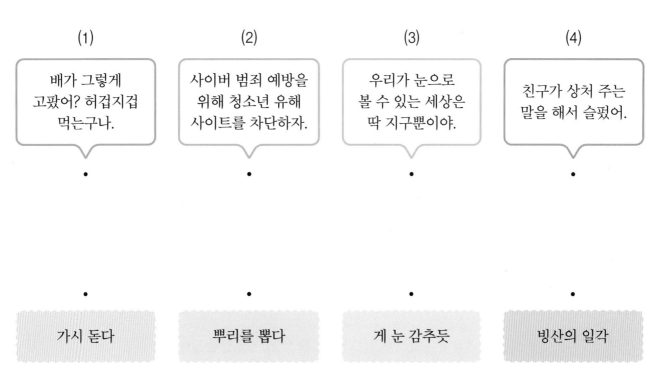

(1) 배가 그렇게 고팠어? 허겁지겁 먹는구나.

(2) 사이버 범죄 예방을 위해 청소년 유해 사이트를 차단하자.

(3) 우리가 눈으로 볼 수 있는 세상은 딱 지구뿐이야.

(4) 친구가 상처 주는 말을 해서 슬펐어.

가시 돋다

뿌리를 뽑다

게 눈 감추듯

빙산의 일각

오늘의 어휘

146 하늘 높은 줄 모르다

똑똑해. 잘생겼어. 키도 커. 이 몸이 최고지!

한 친구가 여기서 자기가 제일 잘났다고 얘기하고 있어. 하늘 높은 줄 모르는 자신감인가?

'하늘 높은 줄 모르다'는 자기의 분수를 모르고 잘난 체하고 뽐낸다는 뜻이야. 또, *물가가 매우 높이 올랐을 때도 써. 요즘 전기세, 수도세가 하늘 높은 줄 모르고 오른다지?

* 물가: 물건의 값. 물건이나 서비스의 평균적인 가격.

이렇게 써먹자~ 요즘 떡볶이 가격이 **하늘 높은 줄 모르고** 올라서 섭섭해.

147 빛을 *발하다

한 아이가 반 친구들과 똑같은 재료를 가지고도 눈에 띄는 그림을 그려 냈어. '빛을 발하다'는 이처럼 제 능력이나 값어치를 드러낸다는 뜻이야.

* 발하다: 빛, 소리, 냄새, 열, 기운, 감정 따위가 일어나다.

148
➕ **낭중지추**: 주머니 속의 송곳이란 뜻으로, 재능이 뛰어난 사람은 숨어 있어도 저절로 사람들에게 알려진다.

囊 주머니 낭　中 가운데 중　之 갈 지　錐 송곳 추

이렇게 써먹자~ 오디션을 보러 간다고? 그동안 갈고닦은 노래 실력이 **빛을 발할** 날이 왔구나.

149 비가 오나 눈이 오나

비나 눈이 와서 계획했던 일이 취소될 때가 종종 있어. 하지만 반대로 '비가 오나 눈이 오나' 아랑곳하지 않고 똑같이 한다면? 이 말은 아무리 어려움이 있어도 언제나 한결같이라는 뜻이야.

150
＋ 불철주야: 어떤 일에 몰두해서 밤낮을 가리지 않음.

　不아닐 불 撤거둘 철 晝낮 주 夜밤 야

이렇게 써먹자~ 호준이는 **비가 오나 눈이 오나** 자전거를 타고 학원에 가.

151 해가 서쪽에서 뜨다

세상에, 웬일로 방을 다 치웠니?

방을 어지럽히기만 하던 아이가 오늘은 웬일로 방 청소를 했나 봐. 엄마가 깜짝 놀라셨어. 전혀 생각지도 못 했던 일이거든!

해는 원래 동쪽 하늘에서 뜨는 것 알고 있지? 그러니까 '해가 서쪽에서 뜨다'는 그만큼 전혀 예상 밖의 일이나 절대로 있을 수 없는 희한한 일이 벌어짐을 말해.

이렇게 써먹자~ 진희가 오늘은 숙제를 다 해 왔다니 **해가 서쪽에서 뜨려나**.

1 다음 그림을 보고, 알맞은 관용어를 완성하세요.

(1)

빛을 ☐☐☐

(2)

세상에, 웬일로 방을 다 치웠니?

☐ 가 ☐☐ 에서

뜨다

(3)

☐ 가 오나
☐ 이 오나

(4)

이 몸이 제일 잘생겼지.

하늘 ☐☐ ☐

모르다

2 다음 보기 에서 알맞은 글자 카드를 골라 친구의 물음에 답하세요.

보기

서 늘 결 빛

(1)  제 능력이나 값어치를 드러낼 때 발하는 것은?

☐

(2)  물가가 많이 올랐을 때 무엇 높은 줄 모른다고 하지?

하 ☐

(3)  예상 밖의 일이 벌어졌을 때 해가 뜨는 방향은?

☐ 쪽

(4)  '비가 오나 눈이 오나'는 아무리 어려움이 있어도 무엇같이 행동한다는 뜻이지?

한 ☐

어휘 먹고, 독해 먹고

1 ⊙에 들어갈 관용어로 알맞은 것은 무엇인가요? (   )

> 엄마가 아침에 가장 먼저 하는 일은 솔아를 깨우는 것입니다. 솔아는 아침잠이 너무 많아서 혼자서는 잘 일어나지 못하거든요. 오늘도 언제나처럼 엄마가 솔아의 방문을 열며 크게 외쳤습니다.
> "솔아야, 학교 가야지! 아침이야."
> 그런데 방문을 열었을 땐 침대에 빈 이불만 덩그러니 있었어요. 엄마는 어리둥절해하며 다시 거실로 나왔습니다. 마침 현관 앞에서 신발을 신고 있던 솔아가 엄마를 불렀어요. 솔아는 이미 나갈 준비까지 다 마친 상태였어요. 엄마는 더더욱 놀랐습니다.
> "엄마, 다녀올게요!"
> "네가 알아서 일어나는 날도 있고, [⊙   ] 보다!"

① 빛을 발하나   ② 빙산의 일각인가   ③ 게 눈 감추듯 하나

④ 하늘 높은 줄 모르나   ⑤ 해가 서쪽에서 뜨려나

2 다음 글의 내용으로 알맞으면 ○표, 알맞지 <u>않으면</u> ✕표 하세요.

> 이글루는 얼음과 눈덩이를 벽돌 모양으로 만들어 쌓아 올린 집이에요. 이누이트족이 사냥을 하다가 잠시 머물며 몸을 녹이기 위해 만든다고 해요. 언뜻 생각하면 금방 녹아 버릴 것 같지만 이누이트족이 사는 지역은 매우 춥기 때문에 이글루가 녹지 않고 찬 바람과 햇빛을 막아 주는 역할을 톡톡히 해낸답니다. 그럼 이누이트족이 이글루를 어떻게 만드는지 알아볼까요?
> 먼저 꽝꽝 언 눈덩이를 칼로 잘라 벽돌 모양으로 만들어야 해요. 그런 다음 눈 벽돌을 둥글게 쌓아 올려요. 눈 벽돌을 쌓을 땐 지붕이 만들어질 수 있도록 눈 벽돌 윗면을 비스듬하게 깎고 빈틈은 눈으로 채워요. 그리고 3m 정도의 좁은 통로를 만들어 안팎을 드나들지요. 이렇게 만든 이글루는 한 가족이 들어갈 수 있을 만큼의 크기라고 해요.

(1) 이누이트족은 비가 오나 눈이 오나 평생을 이글루에서 생활한다. (   )

(2) 눈 벽돌의 가격이 하늘 높은 줄 모르고 치솟아서 직접 만들어야 한다. (   )

(3) 이글루는 추운 날씨 덕분에 녹지 않아 충분히 머물 만한 쉼터로서 빛을 발한다. (   )

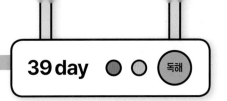

[3~5] 다음 글을 읽고, 물음에 알맞게 답하세요.

경호: 저는 친구들끼리 있는 상황에서는 비속어를 사용해도 된다고 생각합니다. 비속어는 친구들 사이에서 친근감을 표현하는 방법이기 때문입니다. 어른들도 종종 농담을 할 때 비속어를 사용하는 모습을 볼 수 있습니다. 또, 비속어를 사용하면 스트레스가 풀리기도 해서 화가 날 땐 자연스럽게 비속어가 나오기도 합니다. 따라서 저는 나쁜 의도가 아니라면 비속어를 충분히 사용할 수 있다고 생각합니다.

수연: 동의하지 않습니다. 저는 그 어떤 상황에서도 비속어를 사용하면 안 된다고 생각합니다. 아무리 친해도 누군가는 비속어를 듣고 기분이 상하거나 상처를 받을 수 있습니다. 말투는 곧 남을 대하는 태도와도 같습니다. 비속어가 친근감의 표현이라고 하셨지만, 반대로 학교 폭력의 수단이 되기도 합니다. 학교 내 괴롭힘이라는 문제의 ㉠<u>싹을 없애기</u> 위해서는 친구들끼리 있는 상황이라도 비속어를 사용하지 말아야 합니다.

3 이 글의 토론 주제는 무엇인지 쓰세요.

• 친구와 있을 때 (　　　　　　　　　　)을/를 사용해도 될까?

4 ㉠의 뜻을 담고 있는 말은 무엇인가요? (　　　)

① 뿌리다　　　　　　② 뿌리치다　　　　　　③ 뿌리 깊다
④ 뿌리를 뽑다　　　　⑤ 뿌리를 내리다

5 이 글을 읽고 생각이나 느낌을 알맞게 말하지 <u>못한</u> 친구의 이름을 쓰세요.

신비: 비속어 사용은 학교 폭력의 관점에선 빙산의 일각이야.

성호: 어른이 비속어를 사용한다는 것은 해가 서쪽에서 뜰 만한 일이구나.

해솔: 누군가에겐 비속어가 농담이 아니라 가시 돋은 말로 느껴질 수 있겠다.

(　　　　　　　　　　　)

1 다음 뜻을 가진 관용어를 완성하세요.

❶ 몹시 방울이 굵은 눈물.

➡ [ ][ ] 같은 눈물

❷ 아무도 알 수 없고 감쪽같다.

➡ [ ][ ] [ ][ ] 모르게

❸ 한숨을 쉴 때 몹시 깊고도 크게.

➡ 땅 [ ][ ][ ]

❹ 공격의 의도나 불평불만이 있다.

➡ [ ][ ] 돋다

❺ 기분 전환을 위해 바깥을 거닐다.

➡ [ ][ ] 쐬다

❻ 둘 사이에 큰 차이나 거리가 있다.

➡ [ ][ ] 과 [ ]

❼ 제 능력이나 값어치를 드러내다.

➡ 빛을 [ ][ ][ ]

❽ 확실하지 않고 헛된 것을 따르다.

➡ [ ][ ][ ] 잡다

❾ 음식을 허겁지겁 빨리 먹어 치우다.

➡ 게 눈 [ ][ ][ ]

❿ 다시 바로잡거나 되돌릴 수 없는 일.

➡ [ ][ ][ ] 물

⓫ 어려움이나 위험을 신경 쓰지 않고 행동하다.

➡ [ ][ ] 을 가리지 않다

⓬ 여름철에 더위 때문에 몸에 이상 증세가 생기다.

➡ 더위를 [ ][ ]

2 관용어의 뜻에 알맞은 낱말을 골라 ○표 하세요.

❶ 물에 빠진 생쥐 | 물에 흠뻑 젖어 매우 (화려해 , 초라해) 보이는 모습.

❷ 불 보듯 뻔하다 | 앞으로 일어날 일이 의심할 것 없이 (틀림 , 확실함).

❸ 별이 보이다 | 충격을 받아서 갑자기 정신이 (맑아지고 , 흐려지고) 어지럽다.

❹ 벌집을 건드리다 | 건드리면 안 될 것을 (공연히 , 당연히) 건드려 탈을 일으키다.

❺ 비가 오나 눈이 오나 | 아무리 (어려움 , 외로움)이 있어도 언제나 한결같이 행동하다.

❻ 뿌리를 뽑다 | 어떤 것이 생겨나고 자랄 수 있는 원인을 (없애 , 만들어) 버리다.

❼ 꼬리가 길다 | ① (자연스러운 , 비밀스러운) 일을 오랫동안 계속하다.
② 방문을 닫지 않고 드나들다.

❽ 빙산의 일각 | 대부분이 숨겨져 있고 겉으로 드러난 부분은 (전부 , 일부분)에 지나지 않다.

❾ 강 건너 불구경 | 자기에게 관계없는 일이라고 해서 (무관심하게 , 끼어들어서) 보기만 하는 모양.

❿ 해가 서쪽에서 뜨다 | 전혀 예상 밖의 일이나 절대로 있을 수 없는 (희한한 , 평범한) 일이 벌어지다.

⓫ 물 만난 고기 | (쉬운 , 어려운) 상황에서 벗어나 자신의 능력을 발휘할 만한 환경을 만난 사람.

⓬ 하늘 높은 줄 모르다 | ① (자기의 , 다른 사람의) 분수를 모르고 잘난 체하고 뽐내다.
② 물가가 매우 높이 오르다.

오늘도 한 뼘 자랐습니다

제대로 알면 입에 착 감기는 관용어

정답 및 해설 & 어휘 찾아보기

정답 및 해설

1 day 12~13쪽

1 (1) 띄다 (2) 얼굴
  (3) 납작해지다 (4) 입
2 (1) 두껍다 (2) 여러 사람
3 (1) 눈에 띄었어. (2) 코가 납작해졌더라.

3 (1) 친구가 입은 옷을 보고 칭찬을 하는 상황이므로 두
  드러지게 드러난다는 뜻인 '눈에 띄다'를 활용하여
  말할 수 있다.
  (2) 100점이 나올 거라며 자랑하던 수호가 60점을 맞
  은 상황이므로, 몹시 무안을 당하거나 기가 죽는다
  는 뜻인 '코가 납작해지다'가 알맞다.

2 day 16~17쪽

1 (1) 씌어 있다 (2) 가렵다
  (3) 코웃음 (4) 붙이다
2 4
3 (1) ○ (2) × (3) ○ (4) ×(풀이 참조)

3

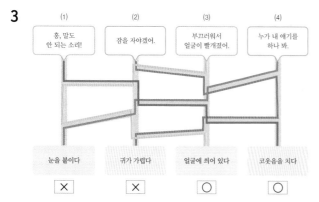

| 홍, 말도 안 되는 소리! | 잠을 자야겠어. | 부끄러워서 얼굴이 빨개졌어. | 누가 내 얘기를 하나 봐. |

| 눈을 붙이다 | 귀가 가렵다 | 얼굴에 씌어 있다 | 코웃음을 치다 |
| × | × | ○ | ○ |

(2)는 잠을 잔다는 뜻의 '눈을 붙이다', (4)는 남이 나에
대한 말을 한다고 느낀다는 뜻의 '귀가 가렵다'와 이어
져야 한다. (1), (3)은 모두 상황과 관용어가 알맞게 짝
지어졌다.

3 day 18~19쪽

1 ① **2** (1) × (2) × (3) ○
3 떡 **4** ③
5 (3) ○

1 아무리 떫은맛을 내는 생감도 곶감으로 만들면 달아
  진다는 내용으로, 맛의 차이가 그만큼 확 달라진다는
  뜻이다. 따라서 두드러지게 드러난다는 뜻의 '눈에 띄
  게'가 알맞다.

2 수빈이 주변에 있던 아이들이 모두 정훈이가 그랬다
  며 웅성거렸다는 장면이 있으므로 (3)이 바른 내용이
  다. 반면 (1)은 수빈이가 쉬는 시간에 잠을 잤다는 내용
  이 없으므로 알맞지 않다. 글의 마지막에 정훈이가 달
  려오며 사과하는 장면이 있으므로 (2)도 알맞지 않다.

3 호랑이와 두꺼비가 떡시루 잡기 시합을 한 이유는 떡
  을 혼자 다 먹기 위해서이다.

4 호랑이는 떡시루 잡기 시합을 하면 당연히 몸집이 크
  고 달리기가 빠른 자신이 두꺼비를 이길 수 있다고 대
  답했다. 따라서 남을 깔보고 비웃는다는 뜻의 관용어
  '코웃음 치다'를 사용할 수 있다.

5 호랑이는 자신의 달리기 실력만 믿고 혼자 떡을 다 차
  지하려다가 하나도 먹지 못하게 되었으므로 몹시 무
  안했을 것이다. 따라서 '코가 납작해지다'를 알맞게 사
  용한 (3)이 알맞다. 반면 (1)과 (2)는 떡을 먹지 못하게
  된 호랑이의 상황과 어울리지 않는다.

4 day

1 (1) 얇다   (2) 깜짝할
   (3) 채우다   (4) 들다
2 (1) 고개   (2) 팔랑귀
   (3) 순식간   (4) 자물쇠

2 (1) '얼굴을 들다'는 남을 떳떳하게 대한다는 뜻이다. 비슷한 뜻의 관용어는 '고개를 들다'이다.
  (2) 남의 말을 쉽게 받아들이는 것을 귀가 얇다고 하며, 귀가 얇은 사람을 두고 '팔랑귀'라고 한다.
  (3) 눈을 한 번 깜짝하거나 숨을 한 번 쉴 만한 아주 짧은 순간을 '순식간'이라고 한다.
  (4) 입은 있어도 말은 없다는 뜻의 '유구무언'과 비슷한 뜻의 관용어는 '입에 자물쇠를 채우다'이다.

5 day

1 (1) 귓등   (2) 씻고
   (3) 내두르다   (4) 입, 침
2 (1) 집중하여   (2) 놀라거나
3 (1) 새겨듣자.   (2) 절대 없었어.
   (3) 칭찬했어.

3 (1) '귓등으로 듣다'는 듣고도 들은 체 만 체 한다는 뜻이다. 따라서 귓등으로 듣지 않는다는 말 뒤에는 반대되는 뜻인 '새겨듣다'를 활용하여 말한 것이 어울린다.
  (2) '눈을 씻고 보다'는 정신을 바짝 차리고 집중하여 본다는 뜻이다. 따라서 열심히 보아도 없었다는 말에 어울린다.
  (3) '입에 침이 마르다'는 다른 사람이나 물건에 대하여 거듭해서 말한다는 뜻이다. 따라서 칭찬했다는 말과 어울린다.

6 day

1 ①, ④   **2** (1) ✕ (2) ◯ (3) ✕
3 이중섭   **4** ④
5 예나

1 여름 방학이 빠르게 지나간 것 같다는 내용이므로 매우 짧은 순간이라는 뜻의 '눈 깜짝할 사이', '순식간'이 알맞다.
2 안내견은 길 안내를 할 때 주변 위험 신호에 귀를 세우고 주의를 기울인다고 했으므로 귓등으로 듣지 않는다는 말이 알맞다.
3 이 글은 이중섭의 어린 시절과 청년기를 보여 준다.
4 ㉠은 이중섭이 화가로 성공하기 시작한 시점에서 한 말이므로, 이제 부모님과 선생님 앞에 자랑스럽게 나타날 수 있겠다는 생각이 드러난다. 따라서 남을 떳떳하게 대한다는 뜻의 관용어 '얼굴을 들다'가 알맞다.
5 일본 미술 평론가들이 여러 번 거듭해서 이중섭의 그림을 칭찬했다는 내용이 나와 있다. 따라서 '입에 침이 마르다'로 바꾸어 말한 예나가 바르게 이해한 것이다.

7 day

1 (1) 눈치   (2) 심심(궁금)
     (3) 아프지   (4) 갈다

2 (1) ㉯   (2) ㉮

3 호랑이(풀이 참조)

3

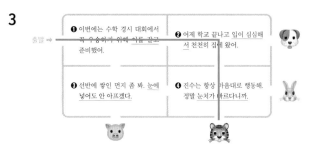

출발 ➡

❶ 이번에는 수학 경시 대회에서 꼭 우승하기 위해 이를 갈고 준비했어.

❷ 어제 학교 끝나고 입이 심심해서 천천히 집에 왔어.

❸ 선반에 쌓인 먼지 좀 봐. 눈에 넣어도 안 아프겠다.

❹ 진수는 항상 마음대로 행동해. 정말 눈치가 빠르다니까.

❶ 수학 경시 대회에서 우승하기 위해 열심히 준비한 상황이므로 독한 마음을 먹고 기회를 엿본다는 뜻의 '이를 갈다'를 사용하여 알맞다.

❷ 출출하거나 말하고 싶다는 뜻의 '입이 심심하다'와 천천히 집에 온 상황은 알맞지 않다.

❸ 먼지가 쌓인 것을 보고 귀엽다는 뜻의 '눈에 넣어도 아프지 않다'고 말한 것은 알맞지 않다.

❹ 진수는 항상 마음대로 행동한다고 했으므로 다른 사람의 마음을 빠르게 알아챈다는 뜻의 '눈치가 빠르다'는 알맞지 않다.

8 day

1 (1) 캄캄   (2) 찢어지다
     (3) 기울이다   (4) 길눈

2 (1) 경청   (2) 길치

3 (1) 눈앞이 캄캄하다
     (2) 입이 귀밑까지 찢어지다

2 (1) '귀를 기울이다'는 남의 이야기나 의견에 관심을 가지고 주의를 모은다는 뜻이다. 따라서 귀를 기울여 듣는다는 뜻의 어휘 '경청'이 알맞다.
     (2) 한두 번 가 본 길을 잘 찾는 사람을 보고 '길눈이 밝다'고 한다. 반대로 길을 잘 찾지 못하는 사람을 '길치'라고 한다.

9 day

1 ②   **2** (3) ○

3 민호   **4** ②

5 ④, ⑤

1 몇 번 가 보지 않아 익숙하지 않은 길도 빠르게 잘 찾아내는 사람을 '길눈이 밝다'라고 말한다.

2 '나'는 수업 시간에 몰래 과자를 먹으려다가 봉지를 터뜨렸다. 따라서 당황해서 눈앞이 캄캄했을 것이다.

3 순영이는 말다툼을 했던 민호에게도 쿠키를 나누어 주어 민호와 화해를 하게 되었다.

4 순영이가 민호 주변을 맴돌며 힐끗힐끗 보았다고 했으므로 순영이가 민호의 눈치를 보고 있다는 것을 알 수 있다.

5 순영이는 선물을 풀어 보자마자 활짝 웃으며 기뻐했다. 그리고 이모와의 통화에서 이모가 순영이를 귀여워한다는 것을 알 수 있다.

10 day

1 ❶ 붙이다   ❷ 넣어도
     ❸ 채우다   ❹ 깜짝할
     ❺ 치다   ❻ 눈에
     ❼ 얼굴   ❽ 눈앞
     ❾ 두껍다   ❿ 코, 납작
     ⓫ 모으다   ⓬ 귀

2 ❶ 쉽게   ❷ 출출하여
     ❸ 집중하여   ❹ 살피는
     ❺ 들은 체 만 체 하다   ❻ 기쁘거나
     ❼ 놀라거나   ❽ 얼굴에
     ❾ 거듭하여   ❿ 독한
     ⓫ 주의를 모으다   ⓬ 잊지 않고

1 (1) 굴리다　　　　　(2) 어깨

　　(3) 뜨끔　　　　　　(4) 타다

2 해양

3 (1) 물 좀 줄래?

　　(2) 이번 시험을 잘 봤나 보다.

　　(3) 사실 어제 거짓말을 해서

2 '머리를 굴리다'의 뜻은 머리를 써서 해결 방안을 생각해 낸다는 뜻이므로 첫 번째 칸의 정답은 '해'이다. '가슴이 뜨끔하다'의 뜻은 자극을 받아 마음이 깜짝 놀라거나 양심의 가책을 받는다는 뜻이므로 두 번째 칸의 정답은 '양'이다. 따라서 정답은 '해양'이다.

3 (1) 심하게 갈증을 느낀다는 뜻의 '목이 타다' 뒤에는 물을 달라고 말하는 것이 자연스럽다.

　　(2) '어깨가 올라가다'는 칭찬을 받거나 하여 기분이 으쓱해진다는 뜻이므로 이번 시험을 잘 본 것 같다는 긍정적인 이유를 유추해 볼 수 있다.

　　(3) '가슴이 뜨끔하다'는 놀라거나 양심의 가책을 받는다는 뜻이므로 거짓말을 한 상황에서 쓰일 수 있다.

1 (1) 맞대다　　　　　(2) 빠지게

　　(3) 어깨　　　　　　(4) 손을 얹다

2 풀이 참조

3 (1) 가슴에 손을 얹다　　(2) 머리를 맞대다

2

				❺구	수	회	❻의
❶방							
❷학	수	고	❸대				견
			❹책	임			

1 (1) ○

2 ㉠ 목이 타다　㉡ 목이 빠지게 기다리다

3 유튜브 학습　　　　**4** ⑤

5 머리를 굴리는

1 '머리를 맞대다'는 의논하기 위해 여럿이 모인다는 뜻으로, 팀원들과 의견을 모아서 정한다고 이해하는 것이 알맞다.

2 ㉠에서 할머니가 목이 마르다고 했으므로 '목이 타다'와 관련이 있다. ㉡에서는 할머니가 점원을 하염없이 기다린다는 내용이 있으므로 '목이 빠지게 기다리다'와 관련이 있다.

3 글쓴이는 유튜브로 학습하는 것이 바람직하지 않다는 주장과 그 이유를 말하고 있다.

4 글쓴이가 솔직하게 생각해 보라고 말하는 것이므로 양심에 근거를 두고 생각해 보는 행동을 뜻하는 '가슴에 손을 얹다'가 알맞다.

5 스스로 문제를 해결하기 위해 필요한 것으로, 빈칸에 들어갈 알맞은 말은 해결 방안을 생각해 본다는 뜻의 '머리를 굴리다'이다.

14 day
56~57쪽

1 (1) 떨어지다   (2) 바람
   (3) 아프다   (4) 머리털

2 △♡

3 포도 (풀이 참조)

3

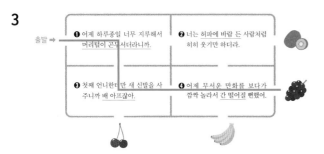

❶ 깜짝 놀랐을 때 '머리털이 곤두서다'라는 표현을 사용하므로 알맞지 않다.

❷ 실없이 행동하거나 지나치게 웃어 댄다는 뜻의 '허파에 바람 들다'가 알맞다.

❸ '배가 아프다'는 남이 잘되어 심술이 난다는 뜻이므로 알맞다.

❹ 무서운 만화를 보다가 깜짝 놀랐다는 내용이므로 '간 떨어지다'가 알맞다.

15 day
60~61쪽

1 (1) 근질근질   (2) 넓다
   (3) 손   (4) 간, 기별

2 나

3 (1) ○ (2) ○ (3) × (4) × (풀이 참조)

3

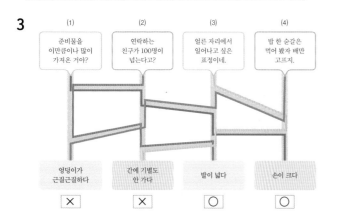

16 day
62~63쪽

1 간 떨어지다   2 (1) × (2) × (3) ○
3 나눔(베풂)   4 ④
5 민지

1 윤영이는 수업을 마치고 집으로 가다가 누군가 부르는 소리에 깜짝 놀라서 뒤를 돌아보았다. 따라서 ㉠에는 몹시 놀란 상황을 가리키는 '간 떨어지다'가 관련 있다.

2 나이팅게일은 전쟁터의 치료소로 각 분야의 전문가를 불러왔다고 했으므로 아는 사람이 많아 활동 범위가 넓다는 뜻의 '발이 넓다'를 사용하여 말할 수 있다.

3 서로를 생각하며 나눔을 실천한 형제가 더욱 우애 좋게 살았다는 이야기이므로 '나눔'이 알맞다.

4 형은 검은 형체를 보고 겁이 났다고 했다. 따라서 무섭거나 놀라서 긴장된다는 뜻의 '머리털이 곤두서다'라는 말과 어울린다.

5 형제는 서로에게 곡식을 더 많이 주려고 했다. 따라서 남이 잘되어 심술이 난다는 뜻의 관용어 '배가 아프다'를 활용하여 서로의 일에 배 아파하지 않아 우애가 좋은 것이라고 말한 민지가 알맞다.

17 day

1 (1) 손발　　　　(2) 발등, 불
　　(3) 휘다　　　　(4) 손때

2 7

3 (1) ㉮ (2) ㉯ (3) ㉮

2 감당하기 어려운 일을 하느라 매우 힘들다는 뜻의 관용어는 '허리가 휘다'이다. 따라서 해당하는 두 수를 합하면 정답은 7이다.

3 (1) 서두르는 이유를 물었으므로, 일이 몹시 절박하게 닥쳤다는 뜻의 '발등에 불이 떨어지다'를 활용한 대답이 알맞다.
　　(2) 하루 종일 숙제를 해서 힘들다는 내용이므로 감당하기 어려운 일을 하느라 매우 힘들다는 뜻의 '허리가 휘다'를 활용한 대답이 알맞다.
　　(3) 물건을 오래 써서 길이 들거나 정이 들었다는 뜻으로 '손때 묻은 물건'이라는 표현을 썼으므로 오래 써서 소중한 물건임을 유추한 대답이 알맞다.

18 day

1 (1) 뻗다　　　　(2) 땀, 쥐다
　　(3) 발 벗고　　　(4) 엉덩이

2 히

3 ③

2 한번 자리를 잡고 앉으면 좀처럼 일어나지 않는다는 뜻의 관용어는 '엉덩이가 무겁다'이다. 따라서 'ㅎ', 'ㅣ'에 해당해 이를 조합하면 '히'가 나온다.

3 ❶, ❺, ❻은 관용어의 뜻에 알맞게 사용하였다. ❷는 친구 집에 놀러 가면 돌아오지 않는다고 했으므로 엉덩이가 무겁다고 해야 알맞다. ❸은 달리기 시합과 오래 앉아 있는 친구는 관련이 없으므로 알맞지 않다. ❹는 속상한 상황에서 발을 뻗었다는 말의 앞뒤가 맞지 않는다.

19 day

1 ⑤　　　　　　**2** (3) ✕

3 (1) 별별 것을 다 보는 재주
　　(2) 힘이 센 재주
　　(3) 고통을 느끼지 않는 재주

4 (1) ○ (2) ✕ (3) ✕　　**5** 손발이 척척 맞아

1 자기 일처럼 적극적으로 나선다는 뜻의 '발 벗고 나서다'가 알맞다.

2 걱정되거나 애쓰던 일이 끝나 마음을 놓는다는 뜻인 '발을 뻗다'는 걱정이 된다는 말과 맞지 않다.

4 세 자매는 곡식을 다시 되돌리는 일에 적극적으로 나섰으므로 (1)은 알맞다.

5 이 글은 세 자매의 협동으로 곡식을 되돌리는 데 성공한 이야기이므로 함께 일을 할 때 마음이나 행동이 서로 맞는다는 뜻의 관용어 '손발이 맞다'가 빈칸에 들어갈 수 있다.

20 day

1 ❶ 간　　　　　❷ 타다
　　❸ 손, 크다　　　❹ 배, 아프다
　　❺ 곤두서다　　　❻ 가슴, 손
　　❼ 허파, 바람　　❽ 목, 빠지게
　　❾ 굴리다　　　　❿ 간, 기별
　　⓫ 올라가다　　　⓬ 어깨

2 ❶ 나서다　　　　❷ 절박하게
　　❸ 마음　　　　　❹ 양심
　　❺ 아는　　　　　❻ 오래
　　❼ 힘들다　　　　❽ 맞다
　　❾ 일어나지　　　❿ 서로
　　⓫ 조마조마　　　⓬ 일어나

1 (1) 시치미 (2) 뜸
(3) 먹듯 (4) 뜨다

2 (1) 시치미를 떼다 (2) 밥 먹듯 하다

3 8

2 (1) '발뺌하다'는 자기와 관계된 일에 책임지지 않으려고 핑계를 대며 빠진다는 뜻이므로 '시치미를 떼다'와 의미가 비슷하다.

(2) '주야장천'은 밤낮으로 쉬지 않고 연달아라는 뜻이므로 '밥 먹듯 하다'와 의미가 비슷하다.

3 첫 번째 상황에 어울리는 관용어는 일이나 말을 할 때 한동안 멈추어서 듣는 이를 초조하게 하거나 기대를 불러일으킨다는 뜻의 '뜸을 들이다'이며, 두 번째 상황에 어울리는 관용어는 이미 어느 정도 잘못되어 있는데 한 단계 더 나아가 엉뚱한 짓을 한다는 뜻의 '한술 더 뜨다'이다. 따라서 각각 답에 해당하는 수를 합하면 정답은 8이다.

1 (1) 쏟아지다 (2) 골탕
(3) 바가지 (4) 없다

2 (1) 이득 (2) 낭패

3 풀이 참조

3

❶아	기	자	❷기			❹사
			적		❺골	탕
❸건	더	기		❻샅		
강				❼바	가	지

1 (3) ○ **2** ④
3 여우, 두루미 **4** 골탕 먹였다
5 (2) ○

1 인우가 예진이와 태오의 사이를 의심하며 시치미를 떼지 말라고 하였다. '시치미 떼다'는 자기가 하고도 하지 않은 척하거나 알면서도 모르는 척한다는 뜻이다. 이것으로 보아 인우는 예진이와 태오가 사귀면서 아닌 척한다고 생각하고 있음을 짐작할 수 있다.

2 흥부는 놀부 부인에게 뺨을 맞고도 그렇게라도 밥을 얻어갈 생각에 다른 쪽 뺨도 때려 달라고 했다. 따라서 이미 어느 정도 잘못되어 있는데 한 단계 더 나아가 엉뚱한 짓을 한다는 뜻의 관용어 '한술 더 뜨다'가 알맞다.

3 이 이야기에는 여우와 두루미가 나오고 있다.

4 두루미는 여우를 집에 초대해서 일부러 먹을 수 없는 그릇에 음식을 대접했다. 따라서 남에게 손해를 입히거나 낭패를 당하게 만든다는 뜻의 '골탕을 먹이다'가 알맞다.

5 두루미는 자신이 먹을 수 없는 그릇에 수프를 담아 주었으면서 결국 자신의 수프까지 혼자 다 먹은 여우를 괘씸하게 생각했을 것이다. 그래서 두루미도 여우와 똑같이 행동한 것이다. 이것으로 보아 두루미가 여우에 대해 할 말로 알맞은 것은 (2)이다.

1 (1) 장단　　　　　(2) 도마 위
　　(3) 찬, 더운　　　(4) 비행기
2 6
3 (1) ○ (2) ○ (3) × (4) ○ (풀이 참조)

2 남의 기분이나 행동에 맞추어 좋게 대한다는 뜻의 관용어는 '장단을 맞추다'이다. 이에 해당하는 두 수를 합하면 6이다.

3
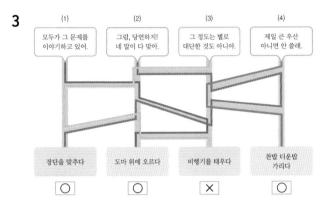

(1)	(2)	(3)	(4)
모두가 그 문제를 이야기하고 있어.	그럼, 당연하지! 네 말이 다 맞아.	그 정도는 별로 대단한 것도 아니야.	제일 큰 우산 아니면 안 쓸래.

장단을 맞추다	도마 위에 오르다	비행기를 태우다	찬밥 더운밥 가리다
○	○	×	○

1 (1) 쌓다　　　　　(2) 던지다
　　(3) 파김치　　　　(4) 둘도
2 (1) 담　　　　　　(2) 비난
　　(3) 기진맥진　　　(4) 유일무이

2 (1) 어떤 일에 전혀 관심을 두지 않는다는 뜻을 가진 관용어는 '담을 쌓다'이므로 정답은 '담'이다.
　　(2) 남을 날카롭게 비난할 때 쓰는 말이 '돌을 던지다'이므로 정답은 '비난'이다.
　　(3) '파김치가 되다'는 몹시 지치고 피곤한 상태가 된 것을 이르는 말이므로 비슷한 뜻의 '기진맥진'을 쓸 수 있다.
　　(4) 오직 하나뿐이고 더 이상은 없다는 뜻인 관용어 '둘도 없다'와 비슷한 뜻의 사자성어는 '유일무이'이다.

1 (2) ○　　　　　**2** 담을 쌓았지만
3 (1) 가뭄　　　　(2) 서식지 감소
4 ⑤　　　　　　**5** (1) ×

1 토끼는 간을 내놓으라는 용왕의 명령에 바로 거절하지 않고, 오히려 얼마든지 줄 수 있다고 말했다. 이렇게 남의 기분이나 행동에 맞추어 좋게 대하는 모습을 나타낼 때 뜻인 '장단 맞추다'를 사용할 수 있다.

2 수정이는 워낙 음악에 관심이 없었다고 했으므로, 어떤 일에 전혀 관심을 두지 않는다는 뜻인 '담을 쌓다'가 알맞다.

3 아프리카코끼리가 멸종되는 첫 번째 이유는 가뭄 때문이고 두 번째 이유는 아프리카코끼리의 서식지 감소 때문이다.

4 야생 동물 멸종 문제에 대한 논쟁이 활발해지고 있다며 아프리카코끼리가 특히 생존 위협을 받고 있다고 했다. 따라서 어떤 대상이나 문제가 비판의 대상이 된다는 뜻의 '도마 위에 오르다'가 들어가기에 알맞다.

5 이 기사에서 코끼리는 생태계를 유지하는 데에 중요한 역할을 한다고 하였으므로, (2)는 이 기사를 읽고 든 생각이나 느낌으로 알맞다. 또 아프리카코끼리가 살아남기 위한 적극적인 노력과 해결 방안이 필요하다고 했으므로, (3)도 이 기사를 읽고 든 생각이나 느낌으로 알맞다. 반면 (1)은 글의 내용과 전혀 상관 없는 주장이므로 알맞지 않다.

1 (1) 죽 끓듯　　(2) 고사리
　　(3) 우물　　(4) 허리띠

2 (1) ⓒ (2) ㉠ (3) ㉣ (4) ㉤

3 김밥(풀이 참조)

3

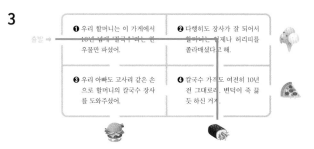

출발 →

❶ 우리 할머니는 이 가게에서 10년 넘게 칼국수라는 한 우물만 파셨어.

❷ 다행히도 장사가 잘 되어서 할머니는 이제나 허리띠를 졸라매셨다고 해.

❸ 우리 아빠도 고사리 같은 손으로 할머니의 칼국수 장사를 도와주셨어.

❹ 칼국수 가격도 여전히 10년 전 그대로. 변덕이 죽 끓듯 하신 거지.

❶ 할머니가 오랜 시간 한 가지 메뉴만 팔았으므로 '한 우물을 파다'를 사용하여 말한 것이 알맞다.

❷ 장사가 잘 되어서 허리띠를 졸라맸다는 것은 알맞지 않다. '허리띠를 졸라매다'는 배고픔을 참거나 검소한 생활을 한다는 뜻이다.

❸ 아빠의 손을 어린아이의 여리고 포동포동한 손을 뜻하는 '고사리 같은 손'으로 표현하는 것은 알맞지 않다.

❹ 칼국수 가격이 10년 동안 변하지 않았다는 내용을 말할 때 말이나 행동을 몹시 이랬다저랬다 한다는 뜻의 '변덕이 죽 끓듯 하다'는 어울리지 않는다.

1 (1) 날로　　(2) 미역국
　　(3) 색안경　　(4) 굴뚝

2 (1) 선입견　　(2) 노력

3 (1) ㉤ (2) ㉢ (3) ㉠

3 '미역국을 먹다'는 시험에서 떨어졌다는 뜻, '떡국을 먹다'는 나이를 한 살 더 먹는다는 뜻, '국수를 먹다'는 결혼식을 올린다는 뜻이다.

1 ①　　**2** (2) ○

3 고려 시대　　**4** ②

5 서윤

1 '미역국 먹다'는 시험에서 떨어졌다는 뜻이므로 찬희가 시험을 또다시 망쳤다는 것을 알 수 있다.

2 에스컬레이터에서는 걷거나 뛰지 말라고 했으므로 해린이가 지하철 에스컬레이터 안전 수칙에 대해 바르게 말한 친구이다. 은진이와 송아의 말은 글과 관련 없는 내용이다.

3 이 글은 고려 시대에 금속 활자 인쇄술이 탄생하게 된 배경을 설명하고 있다.

4 한 가지 일에 몰두하여 끝까지 한다는 뜻의 '한 우물을 파다'가 알맞다.

5 어떤 것에 선입견을 가지고 본다는 뜻의 '색안경을 쓰고 보다'라는 관용어를 사용하여 말한 서윤이의 감상이 알맞다. (1), (3)은 글의 내용과 관련 없는 생각이나 느낌이다.

1 ❶ 굴뚝　　❷ 미역국
　　❸ 던지다　　❹ 담을
　　❺ 파김치　　❻ 둘도
　　❼ 변덕　　❽ 고사리
　　❾ 한 우물　　❿ 졸라매다
　　⓫ 장단　　⓬ 먹다

2 ❶ 자주　　❷ 손해
　　❸ 재미가 나다　　❹ 비판
　　❺ 배부른　　❻ 아무것도 없다
　　❼ 좋지 않게　　❽ 높이 추어올리다
　　❾ 비싸게　　❿ 모르는
　　⓫ 더 나아가　　⓬ 멈추어서

1 (1) 불구경 (2) 하늘, 땅
(3) 벌집 (4) 불, 뻔
2 구
3 (1) ○ (2) × (3) × (4) ○ (풀이 참조)

2 매일 아침마다 운동장을 달렸더니 달리기 실력이 예전보다 확실히 좋아졌다고 했으므로, 둘 사이에 큰 차이나 거리가 있음을 나타내는 '하늘과 땅'이 어울린다.

3

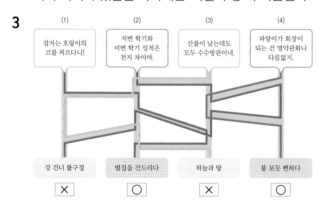

잠자는 호랑이의 코를 찌르다니!	저번 학기와 이번 학기 성적은 천지 차이야.	산불이 났는데도 모두 수수방관이네.	파랑이가 회장이 되는 건 명약관화나 다름없지.
강 건너 불구경	벌집을 건드리다	하늘과 땅	불 보듯 뻔하다
×	○	×	○

1 (1) 닭똥 (2) 땅
(3) 물, 고기 (4) 쐬다
2 기상
3 (1) ㉮ (2) ㉯ (3) ㉮

2 '바람 쐬다'는 기분 전환을 위해 바깥을 거닌다는 뜻이다. '물 만난 고기'는 어려운 상황에서 벗어나 자신의 능력을 발휘할 만한 환경을 만난 사람을 이르는 말이다. 따라서 빈칸에 들어가는 글자를 합치면 정답은 '기상'이다.

1 ③ 2 벌집을 건드리다
3 (1) 세은 (2) 수영 선생님
4 ① 5 (1) × (2) ○ (3) ×

1 기분 전환을 위해 바깥을 거닌다는 뜻의 '바람을 쐬다'와 관련이 있다.

2 심술쟁이 할아버지는 혹부리 할아버지에게 이미 한 번 속아서 화가 나 있던 도깨비들을 한 번 더 속이려다 혼쭐이 났다. 따라서 건드리면 안 될 것을 공연히 건드려 탈을 일으킨다는 뜻의 '벌집을 건드리다'가 알맞다.

3 세은이는 수영 선생님의 마지막 수업을 기념하며 감사 편지를 썼다.

4 수영 선생님이 세은이가 우는 모습을 보고 말한 ㉠의 경우 굵은 눈물방울이 떨어지는 모양을 닭똥에 비유한 '닭똥 같은 눈물'이 들어가기에 알맞다. ㉡에는 세은이의 수영 실력이 예전과 큰 차이가 있다는 내용이므로 '하늘과 땅'이 들어가기에 알맞다.

5 세은이는 처음엔 물을 무서워했지만, 수영을 배우고 나서는 제 키보다 깊은 수영장에서도 자유롭게 수영할 수 있게 되었다. 어려운 상황에 있다가 자신의 능력을 자유롭게 발휘할 수 있게 된 세은이를 '물 만난 고기'에 빗대어 말할 수 있다.

34 day

124~125쪽

1 (1) 꼬리   (2) 물, 생쥐

    (3) 뜬구름   (4) 보이다

2 풀이 참조

2

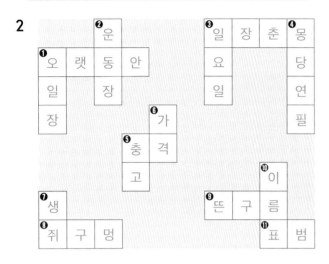

35 day

128~129쪽

1 (1) 쥐, 새   (2) 물불

    (3) 더위   (4) 엎지른

2 9

3 (1) 쥐도 새도 모르게   (2) 물불을 가리지 않다

2 다시 바로잡거나 되돌릴 수 없는 일을 뜻하는 관용어는 '엎지른 물'이다. 해당하는 주사위의 수를 더하면 합은 9이다.

3 (1) 수리가 전학 간다는 소식을 아무도 몰랐던 상황이므로 답은 아무도 알 수 없고 감쪽같다는 뜻의 '쥐도 새도 모르게'이다.

    (2) 위험한 상황에서도 몸을 아끼지 않는 소방관에 대해 이야기하고 있으므로, 답은 어려움을 신경 쓰지 않고 행동한다는 뜻의 '물불을 가리지 않다'이다.

36 day

130~131쪽

1 ③   **2** 한별

3 기브   **4** 쥐도 새도 모르게

5 (2) ○ (3) ○

1 한 농부가 우연히 일어난 행운을 두고 터무니없는 결론을 내렸다. 따라서 농부의 생각은 확실하지 않고 헛된 것을 따른다는 뜻의 '뜬구름 잡다'와 어울린다.

2 보건 선생님이 여름에 하예 같은 친구들이 많다고 했으므로, 하예가 더위를 먹었다는 것을 알 수 있다. 따라서 하예가 아픈 까닭을 바르게 짐작한 친구는 한별이다. '더위를 먹다'는 여름철에 더위 때문에 몸에 이상 증세가 생기는 것을 말한다.

3 산차를 돕기 위해 가게 주인을 찾아가 매달린 아이는 '기브'이다.

4 산차가 마을 사람들 모르게 음식을 훔쳤으니 아무도 알 수 없고 감쪽같다는 뜻의 관용어 '쥐도 새도 모르게'를 넣어 설명할 수 있다.

5 산차가 남을 돕는 행동을 물불 가리지 않았다고 표현한 (2)와 산차가 물건을 훔친 행동을 이미 엎지른 물이라고 표현한 (3)은 이 글을 읽은 감상으로 알맞다. 하지만 기브가 산차를 돕기 위해 용기 내어 나선 행동이 '뜬구름 잡는 것'이라고 표현한 (1)은 알맞지 않다.

37 day

1 (1) 가시   (2) 게 눈
    (3) 뿌리   (4) 일각

2 (1) 가시 돋다   (2) 뿌리를 뽑다

3 (1) 게 눈 감추듯   (2) 뿌리를 뽑다
    (3) 빙산의 일각   (4) 가시 돋다

3 (1) 배가 고파 허겁지겁 음식을 먹는 모습에 어울리는 관용어는 '게 눈 감추듯'이다.

(2) 사이버 범죄 예방을 위한 해결책을 제시하고 있으므로, 어떤 것이 생겨나고 자랄 수 있는 원인을 없앤다는 뜻의 '뿌리를 뽑다'가 알맞다.

(3) 우리가 볼 수 있는 세상이 지구뿐임을 말하고 있으므로 겉으로 드러나는 부분은 일부분에 지나지 않는다는 뜻의 관용어 '빙산의 일각'이 어울린다.

(4) 친구가 상처 주는 말을 했다고 했으므로 이를 '가시 돋다'에 비유하여 설명할 수 있다.

38 day
138~139쪽

1 (1) 발하다   (2) 해, 서쪽
    (3) 비, 눈   (4) 높은 줄

2 (1) 빛   (2) 하늘
    (3) 서쪽   (4) 한결

2 (1) 제 능력이나 값어치를 드러낸다는 뜻의 관용어는 '빛을 발하다'이다.

(2) 물가가 많이 올랐을 때 '하늘 높은 줄 모르다'라는 말을 사용하므로 답은 '하늘'이다.

(3) 예상 밖의 일이 일어났을 때 '해가 서쪽에서 뜬다'고 표현한다.

(4) '비가 오나 눈이 오나'는 아무리 어려움이 있어도 한결같이 행동한다는 뜻이다.

39 day
140~141쪽

1 ⑤   **2** (1) × (2) × (3) ○
3 비속어   **4** ④
5 성호

1 아침에 잘 일어나지 못하는 솔아가 오늘따라 알아서 등교 준비를 하는 뜻밖의 일이 일어났으므로 '해가 서쪽에서 뜨다'가 알맞다.

2 이글루는 잠시 머물 곳으로 이용한다고 했으므로 (1)은 알맞지 않다. 눈 벽돌도 원래 사서 쓰는 것이 아니므로 (2)도 맞지 않다. 이누이트족이 사는 곳은 매우 추워 이글루가 쉽게 녹지 않는다고 했으므로 (3)은 글의 내용으로 알맞다.

3 이 글은 친구와 있을 때 비속어를 사용해도 되는지에 대해 찬성과 반대로 나누어 토론하고 있다.

4 싹을 없앤다는 말은 어떤 것이 생겨나고 자랄 수 있는 원인을 없애 버린다는 뜻의 '뿌리를 뽑다'와 관련이 있다.

5 경호는 어른들도 농담으로 비속어를 사용한다고 했으므로 어른이 비속어를 사용하는 것이 해가 서쪽에서 뜰 만한 일이라고 표현한 성호의 생각은 알맞지 않다.

40 day
142~143쪽

1 ❶ 닭똥   ❷ 쥐도 새도
❸ 꺼지게   ❹ 가시
❺ 바람   ❻ 하늘, 땅
❼ 발하다   ❽ 뜬구름
❾ 감추듯   ❿ 엎지른
⓫ 물불   ⓬ 먹다

2 ❶ 초라해   ❷ 확실함
❸ 흐려지고   ❹ 공연히
❺ 어려움   ❻ 없애
❼ 비밀스러운   ❽ 일부분
❾ 무관심하게   ❿ 희한한
⓫ 어려운   ⓬ 자기의

어휘 찾아보기

지은이 기적학습연구소

"혼자서 작은 산을 넘는 아이가 나중에 큰 산도 넘습니다."

본 연구소는 아이들이 혼자서 큰 산까지 넘을 수 있는 힘을 키워 주고자 합니다.
아이들의 연령에 맞게 학습의 산을 작게 만들어 혼자서도 쉽게 넘을 수 있게 만듭니다.
때로는 작은 고난도 경험하게 하여 성취감도 맛보게 합니다.
그리고 아이들에게 실제로 적용해서 검증을 통해 차근차근 책을 만들어 갑니다.
아이가 주인공인 기적학습연구소 [국어과]의 대표적 저작물은 〈기적의 독해력〉, 〈기적의 독서 논술〉,
〈4주 만에 완성하는 바른 글씨〉 등이 있습니다.

 제대로 알면 입에 착 감기는 관용어

초판 발행 2023년 6월 29일
초판 2쇄 발행 2023년 8월 15일

지은이 기적학습연구소
발행인 이종원
발행처 길벗스쿨
출판사 등록일 2006년 6월 16일
주소 서울시 마포구 월드컵로 10길 56(서교동 467-9)
대표 전화 02)332-0931   **팩스** 02)323-0586
홈페이지 www.gilbutschool.co.kr   **이메일** gilbut@gilbut.co.kr

기획 신경아(skalion@gilbut.co.kr)   **책임 편집 및 진행** 박은숙, 유명희, 최지현
제작 이준호, 이진혁, 김우식   **영업마케팅** 문세연, 박다슬   **웹마케팅** 박달님, 이재윤
영업관리 김명자, 정경화   **독자지원** 윤정아, 최희창

표지 디자인 유어텍스트 배진웅   **본문 디자인** 퍼플페이퍼 정보라   **본문 일러스트** 김종채
전산 편집 린 기획   **인쇄** 교보피앤비   **제본** 신정문화사

ISBN 979-11-6406-530-1 63710 (길벗스쿨 도서번호 10861)
정가 12,000원

독자의 1초를 아껴주는 정성 **길벗출판사**

길벗스쿨 국어학습서, 수학학습서, 유아콘텐츠유닛, 주니어어학 1/2, 어린이교양 1/2, 교과서, 길벗스쿨콘텐츠유닛
길벗 IT실용서, IT/일반 수험서, IT전문서, 어학단행본, 어학수험서, 경제실용서, 취미실용서, 건강실용서, 자녀교육서
더퀘스트 인문교양서, 비즈니스서